HOW TO WIN FRIENDS AND INFLUENCE PEOPLE

美好的人生

【美】戴尔·卡耐基/著　　梅子/编译

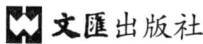

文汇出版社

图书在版编目(CIP)数据

美好的人生 /（美）戴尔·卡耐基著；梅子编译
. — 上海：文汇出版社, 2017.1
ISBN 978-7-5496-1973-3

Ⅰ. ①美… Ⅱ. ①戴… ②梅… Ⅲ. ①人生哲学－通俗读物 Ⅳ. ① B821-49

中国版本图书馆 CIP 数据核字（2016）第 314025 号

美好的人生

著　　者 /（美）戴尔·卡耐基
编　　译 / 梅 子
责任编辑 / 戴 铮
装帧设计 / 枫林轩设计室

出版发行 / 文汇出版社
　　　　　上海市威海路 755 号
　　　　　（邮政编码：200041）
经　　销 / 全国新华书店
印　　制 / 三河市德鑫印刷有限公司　0316-3531029
版　　次 / 2017 年 02 月第 1 版
印　　次 / 2017 年 02 月第 1 次印刷
开　　本 / 880×1230　1/32
字　　数 / 170 千字
印　　张 / 9

书　　号 / ISBN 978-7-5496-1973-3
定　　价 / 32.00 元

成功学大师——戴尔·卡耐基

戴尔·卡耐基,美国现代成人教育之父、美国著名的人际关系学大师,被誉为20世纪最伟大的心灵导师和成功学大师,他一生中写作了《人性的弱点》《人性的优点》《美好的人生》《快乐的人生》《语言的突破》等多部作品。这些书出版后立即风靡全球,先后被译成几十种文字,被誉为"人类出版史上的奇迹"。

这些书和卡耐基的成人教育实践相辅相成,构成了卡耐基为人处世、通向成功之路的成功学体系,并且通过演讲和书籍唤醒了无数迷惘者的斗志,激励他们追求更完美的人生。

1888年11月24日,卡耐基出生于美国密苏里州一个贫苦的农民家庭。父亲经营一个小小的农场,他和美国中西部农村的其他男孩子一样，度过了清贫而又快乐的童年时代。

他很小就帮父母干杂事、挤牛奶，即使生活贫穷却怡然自得。那个年代还没有实现农业机械化，所以他和父亲干着同样繁重的体力活，帮助父母经营着小农场。

可是他们的生活却并不富裕，辛辛苦苦耕种的粮食可能因为一场洪水就付诸东流，或者因为干旱而枯萎，或者喂了蝗虫。卡耐基看着父亲每天为了生计而不停操劳，发誓决不会在这个小农场度过自己的一生，并且要成就一番事业。

卡耐基的童年和其他农村男孩子也有很大的区别，那是因为他深受母亲的影响。母亲是一名虔诚的教徒，在嫁给卡耐基的父亲之前曾经做过教员。她对卡耐基寄予了厚望，一直鼓励儿子好好读书，希望他将来成为一名传教士或教师。

1904年，卡耐基高中毕业后就进入了密苏里州华伦斯堡州立师范学院读书。虽然他得到了全额奖学金，但是因为家境贫寒还是负担不起学费，所以他不得不四处去打工，以赚取足够的学费。这让他感到耻辱和难过，久而久之养成了一种自卑心理。也正因为如此，他更想要找到出人头地的捷径。

为了找到能赚钱的工作,他打算前往最近的奥马哈市。因为缺少足够的路费,他主动免费为一位牧场主人的马匹喂水、喂食,以便搭这人的便车前往奥马哈市。后来他做了一名推销员,推销火腿、肥皂和猪油等物品,每周的薪水为 17.31 美元,比他父亲一年的收入还要高。

卡耐基的工作干得很不错,推销业绩是他负责的那个区域的第一名,但他却拒绝升任经理,而是带着所有的积蓄来到纽约,当上了一名演员。作为演员,卡耐基跟着话剧团旅行演出,并且在话剧《马戏团的包莉》中扮演一个小角色。

一年之后,卡耐基发现自己没有演戏的天赋,于是又回到了推销的行业,在一家汽车公司做推销员。

可是,卡耐基的理想并不是成为一名推销员,他每天都为自己不能实现写小说的梦想而苦恼,甚至开始怀疑自己的能力。

有一天,一位老人想买一辆新车,卡耐基又开始背诵那套"推销秘诀"。老人淡淡地说:"我现在还走得动,买车只不过是尝试新鲜事物,因为我年轻时曾梦想成为一名汽车设计师,那时汽车还没有发明出来呢……"

老人的一番话引起了卡耐基的兴趣,随后他们交谈了很久，谈到了汽车公司的情况，谈到了生活方面的问题。卡耐基向老人讲述了自己的烦恼："一天深夜，我静静地躺在床上，不断地问自己：我在做什么？我的梦想是什么？如果我梦想成为一名小说家，那么为什么还要浪费时间呢？您认为我的想法对吗？"

老人的脸上露出微笑，随后对卡耐基说："好孩子，你非常棒！为什么要为自己不喜欢又不能赚大钱的工作浪费时间呢？你不是想实现梦想吗？写作，在今天也是不错的行当呀！"

"不，老先生，我现在不可能放弃工作，除非我已经找到了其他可做的事情。但是我能做什么呢？我是否有能力找到自己满意的工作呢？是否能够过上有意义的生活呢？"卡耐基问。

老人说："你选择的工作应该是你感兴趣的，并且可以发挥你才能的。既然你很喜欢写作，为什么不尝试一下呢？"老人的话让卡耐基茅塞顿开，也激起了他埋藏在内心但是奔涌已久的写作激情。

从那天起，卡耐基决定改变自己的生活方式。他发誓要成为一位受人尊敬、爱戴的伟大作家……

一次偶然的机会，卡耐基发现纽约基督教青年会正在招聘一名讲授商务技巧的夜校老师。因为他在大学时代接受过公开演说方面的训练，便鼓起勇气前去应聘,并且被顺利录用。于是他白天写作,晚上去夜校教课,以赚取生活费。

在教授公开演说课程时,卡耐基不仅讲述了演说的历史,还有演说的原理知识,甚至还发明了一种独特而非常有效的教学方式。他第一次上课时,就直接让班上的学员谈论他们自己在日常生活中发生的事。每一个学员都被点名发言,并且必须克服自己的自卑,在班上讲述自己的故事。

卡耐基后来说:"在误打误撞中,我找到了帮助学员克服恐惧和自卑的最佳方法。"从此以后,卡耐基的这种鼓励所有学员积极参与的教学方法,成为激发学员兴趣和帮助学员克服恐惧的最有效方法。虽然这种方法在当时并没有人运用,但是它确实有非常好的效果。

随后在卡耐基的耐心指导和训练下,很多人都学会了如何说话和如何与人交往,并且扫除了怯懦和自卑,成为了更加自信的人。

可以说,卡耐基的教学模式是当时世界上改变一个人最有成效的方法。这可以从成千上万名毕业学员的来信中得到证明。这些学员包括工厂工人、家庭主妇、政界人士、公司负责人、教师及传教士,等等。而且他的思想非常具有实用性和指导性,适合不同时代社会各类人群，发明之王爱迪生、相对论鼻祖爱因斯坦、印度圣雄甘地、麦当劳的创始人雷·克洛克等，都深受卡耐基思想的影响。

  1955年11月1日，卡耐基逝世，只差几个星期就年满67岁。他被葬在自己的家乡密苏里州，永远陪伴着自己的父母。

  卡耐基的思想和观点影响了几代美国人，甚至改变着世界，在当时成为人们走出迷茫和困境的精神支柱。即便在当代社会，它仍然能够指导人们改变自己的思想、完善自己的行为，并且走上成功之路。

目录
CONTENTS

第一章　家庭幸福之道

1. 婚姻出现问题的原因　// 002

2. 没完没了的唠叨是把刀　// 004

3. 爱对方，并给他自由　// 015

4. 别过分指责你的家人　// 019

5. 多赞赏家人　// 025

6. 对小事多加注意　// 030

7. 婚姻幸福的奥秘　// 034

8. 不要做婚姻的无知者　// 039

9. 如何与妻子相处　// 043

10. 如何与丈夫相处　// 061

11. 让你的爱更有深度　// 075

第二章　如何让别人赞同你

1. 争论中没有赢家　// 083

2. 避免树立敌人　// 093

3. 当你错了，真诚地承认吧　// 113

4. 以友好的方式开始 // 124

5. 一开始就让对方说"是" // 144

6. 让别人多说话 // 152

7. 与他人合作的秘密 // 164

8. 从别人的观点看问题 // 176

9. 同情的力量 // 184

10. 给他一个动听的理由 // 196

11. 戏剧化地表现你的想法 // 204

12. 提出有意义的挑战 // 211

第三章　改变他而不伤害他

1. 从赞扬和感激开始 // 218

2. 巧妙地用暗示让他注意自己的错误 // 227

3. 先说自己的错误 // 233

4. 命令式不受欢迎 // 239

5. 给人留面子 // 243

6. 赞扬的魔力 // 250

7. 送人一个好名声 // 255

8. 让对方觉得问题并不难解决 // 261

9. 让他高兴地照着你的意思去做 // 269

PART 1

FUNDAMENTAL TECHNIQUES
IN
HANDLING PEOPLE

第一章
家庭幸福之道

1. 婚姻出现问题的原因

如果你的婚姻出现了危机，你会怎样解决？你是会放纵自己的情绪，还是会冷静思考一下，找出其中的原因呢？

1933年6月，艾麦特·克鲁西发表了一篇文章，名字叫《为什么婚姻会出现问题》。这篇文章里提出了一系列问题，它们对于解决婚姻问题很有价值。如果每个问题的答案都是"是"的话，那么你就可以获得10分的满分。

下面摘选了一些问题，我们先来看看针对丈夫的问题：

1. 你现在还"追求"自己的妻子吗？现在还给妻子送花吗？或是给她过生日，和她庆祝结婚纪念日，以及经常给她带来意外惊喜吗？

2. 在别人面前，你会尽量不指责她吗？

3. 你会给她足够的零用钱吗？并且随意任她使用？

4. 在她遇到女性特有的问题时，你会花费时间和精力和她一起度过吗？

5. 你会拿出一半的娱乐时间和妻子一起度过吗？

6. 除了赞扬她的优点之外，你会拿自己的妻子跟自己的母亲以及其他女人相比较吗？比如，她做饭的本领以及管理家庭的能力。

7. 你关注你妻子的精神生活吗？你对她的业余活动有兴趣吗？比如她参加的社交活动，她看的书等。

8. 当她和其他男人跳舞，或接受其他男人的照顾时，你能保证自己不吃醋吗？

9. 当她做好某件事情时，或是有些进步时，你会抓住合适的时机赞美她吗？

10. 当她为你做家务，比如那些打扫卫生、洗洗涮涮之类的琐碎小事时，你会经常感谢她吗？

下面这些是针对妻子的问题：

1. 在丈夫处理自己的工作时，你会让他有完全的自由吗？比如尽量不打扰他与别人的交往，不干涉他挑选秘书，不经常催促他早些回家等。

2. 你是否会想办法让自己的家庭更富有情趣？

3. 你在做饭时，会不会经常注意营养的搭配？

4. 你是否了解自己丈夫的事业，并且可以和他进行良性探讨？

5. 当你的家庭出现财政危机时,你是否能够勇敢地、愉快地面对?你会不会紧紧抓住他的错误不放?你会不会经常埋怨他的失败,并且经常把他和成功者进行比较?

6. 你是否竭尽所能地和丈夫的母亲或其他亲戚友好地相处?

7. 当你买衣服时,是否考虑丈夫的喜好,并且按照他的喜好选择颜色和样式?

8. 为了维持家庭和睦,你会不会愿意改正自己的缺点?

9. 你是否愿意培养与丈夫相同的兴趣爱好,并且能和他愉快地做这些事情?

10. 你是否时常关注社会和政治上的动态和新消息,以便能和丈夫进行很好的交流?

2. 没完没了的唠叨是把刀

唠叨就像可怕的魔鬼和诅咒一样,它会摧毁我们的爱情和婚姻。

几十年前,法国皇帝拿破仑一世的侄子——拿破仑三世路易·拿破仑·波拿巴,他爱上了西班牙女子欧仁妮,两人迅速坠入情网,并且很快就结婚了。

那些大臣们并不赞同这桩婚事,并且指出欧仁妮的身份十分低微,不过是西班牙一个小小伯爵的女儿。可是拿破仑三世却并不在乎,他回答说:"这一点不是问题。"

是的,欧仁妮是一位非常美丽优雅的女子,她的青春活力、她的魅力诱惑,让拿破仑三世彻底入迷了。

经过一次激烈的辩论之后,拿破仑三世执意要和欧仁妮结婚,并且郑重地向全国宣布:"我已经挑选了一位我所深爱的女人作为我的妻子,我并不想和一个完全陌生的女人结婚。"

拿破仑三世和他的妻子欧仁妮完全是一对令人羡慕的夫妻,他们具有健康、权力、声望、美貌、爱情等。从来没有一对夫妻像他们那样光彩夺目,因为他们完全具备了一场美满婚姻所需要的全部条件。

可是,没过多久,如此光彩夺目的婚姻就暗淡了下来,并且蒙上了一层厚厚的灰尘。拿破仑三世拥有至高无上的权力,让欧仁妮成为母仪天下的皇后。他用最强烈、最真诚的爱情爱着欧仁妮,让她成为世界上最幸福的女人——但是,他却没有办法制止她的喋喋不休。

欧仁妮是一个非常爱嫉妒、爱猜疑的女人,她并不相信自己的丈夫,甚至不许拿破仑三世有任何秘密,所以她经常会忘记他作为皇帝的权威，甚至时常怠慢他的命令。她总是贸然地闯入拿破仑三世的办公室，不管他是正在处理国家大事，还是正在与大臣们商议重要政事——她绝不允许自己的丈夫有独处的机会，总是担心他会爱上其他女人。

她经常会找自己的姐姐抱怨，不是埋怨丈夫没有时间陪她，就是怀疑丈夫爱上了别的女人。她总是不停地唠叨、诉苦、哭泣、埋怨……当她生气的时候，时常会闯进拿破仑三世的书房，愤怒地大发脾气、恶言谩骂……

拿破仑三世拥有无上的权力，以及无数华丽的宫殿，但是却找不到一间安静的屋子能让自己享受片刻的宁静。

欧仁妮想要控制住自己的丈夫，所以总是不停地吵闹和唠叨。那么，她最终获得了什么呢？

下面我们就来看看这个答案吧。著名作家莱茵·哈特在他的名著《拿破仑与欧仁妮——一幕帝国的悲喜剧》一书中详细地记录了这件事情，我现在摘录了一段内容：

……从那之后，拿破仑三世时常在深夜悄悄地从宫殿一扇小门潜出；用一顶软帽完全遮住了脸，由一个亲信侍从跟随，前往某处和一个美丽女人偷偷地幽会。

他们或者会在巴黎城内漫游，或者会去欣赏皇帝平时很难见到的那些夜生活。

拿破仑三世之所以会变成这样，完全是因为欧仁妮的唠叨和猜疑造成的。事实上，她贵为法国皇后之尊，拥有倾国倾城的容貌，还拥有拿破仑三世热烈的爱情……可是，她却让这一切毁于吵闹和叨唠之下。最后，她还大声哭诉说："我最害怕的事情，终于降临在我身上了！"

降临在她身上？那完全是她咎由自取，是她自己招来的。这个可怜的女人，到最后还没有明白这一切完全是因为她的嫉妒，以及喋喋不休的唠叨造成的。

地狱中的魔鬼发明了很多种毁灭爱情的烈火，而唠叨则是最可怕的一种。它就像是剧毒无比的毒蛇，一旦被它咬到，绝无生还的希望。

俄国大文豪托尔斯泰的夫人也发现了唠叨的巨大危害，可是为时已晚了。她在临死前，痛苦地向儿女们忏悔："你父亲的去世，完全是我的过错造成的。"她的儿女们没有说任何话，只是失声痛哭起来。

她们知道母亲说的都是事实。因为母亲非常喜欢唠叨，父亲每天都生活在母亲不停地抱怨和无休无止地批评之中。

当初，托尔斯泰伯爵和夫人的生活环境非常优越，按理说他们的生活应该非常快乐才对。

托尔斯泰是世界上著名的作家，创作了《战争与和平》和《安娜·卡列尼娜》等不朽名著，在文学领域中，他的作品永远闪耀着不朽的光辉。

当时托尔斯泰备受读者的喜欢和爱戴，他拥有无数的拥戴者和追随者，甚至每天都有人追随在他身边。那些追随者将他所说的每一句话都当成至理名言，并且记录在自己的笔记本上——即使他只说了一句平淡无奇的话，比如"我该去睡觉了"，他们都会立即记录下来。

俄国政府曾经把他写过的所有字句都整理合编成书，并且出版发行，合算起来足足有一百多卷。

除了拥有美好显赫的声誉外，托尔斯泰和他的夫人还拥有财产、地位、可爱乖巧的孩子。可以说，在这个世界上，几乎没有人可以拥有像他们那样美满的姻缘了。

他们的婚姻或许是太美满、太热烈了，所以他们经常向上帝祈祷，希望能永远幸福美满地生活下去。

后来，发生了一件令人震惊的事情，这让托尔斯泰的性情发生了很大改变。他完全变成了另外一个人，他对自己过去的作品感到非常不满，甚至羞愧不已。从那之后，他不再创作小说，而是把全部的时间和精力都花在写宣传和平、消弭战争以及解除贫困的小册子之上。

他开始真诚地忏悔自己，忏悔自己在年轻时犯下的各种不可思议的罪恶和过错,甚至是谋杀的罪过……他完全真实地遵从耶稣基督的教诲,希望消弭战争、宣传和平和仁爱。他把所有的田地和财产都分给别人,自己的生活却异常清贫艰苦。他开始到田间耕田种地、伐木砍柴、捆绑草堆,自己做鞋、打扫房屋,并且尝试用仁爱来化解别人的仇恨。

托尔斯泰创作了很多悲剧小说,而他的一生也是一幕悲剧,而造成悲剧的原因,就是他不幸的婚姻。

他的妻子喜爱奢侈虚荣,并且渴望获得显贵的名声以及众人的赞美,可是托尔斯泰对这些虚名以及荣华富贵非常鄙视,甚至是不屑一顾,他认为财富和私产是一种罪恶。

她经常不停地大吵大闹、谩骂、喊叫,因为托尔斯泰坚持放弃他所有作品的出版权,拒绝收取任何稿费、版税。可是,她总是希望从版税中获得更多的金钱和财富。

每当他们发生争吵时,她就会像发疯似的大声哭闹,在地板上打滚……她甚至还威胁自己的丈夫要吞食鸦片烟膏自杀,或是恫吓丈夫说要跳井自杀。从此之后,他们的婚姻就犹如坟墓一样可怕。

有一件事,我认为是世界上最悲惨的一幕。虽然他们的婚姻生活开始非常幸福美满,可是过了48年之后,他甚至不愿意、也无法忍受再见到妻子一眼。

在某一天晚上，这个伤心无比的妻子，依然渴望得到丈夫的关心和爱情。她痛苦地跪在丈夫膝前，痛哭流涕地请求他为自己朗诵50年前所写的爱情诗章。

这篇美丽的爱情诗是当年托尔斯泰专门为妻子写的，这让他们回忆起当初那些美丽、甜蜜的日子，最后他们抱在一起，激动地痛哭起来……

残酷的生活现实，以及逝去的美好回忆，这真是天壤之别啊！

最后，当托尔斯泰82岁的时候，他再也无法忍受家庭折磨的痛苦，就在1910年10月一个大雪纷飞的夜晚，他选择了离家出走，想要永远逃离自己的妻子……

经过11天的流浪，托尔斯泰患上了严重的肺炎，在一个车站里一病不起，最后悲惨地死去。令人唏嘘的是，他临死前的最后请求是：不允许自己的妻子前来看他。

这完全是因为托尔斯泰夫人喋喋不休的抱怨、唠叨，以及歇斯底里的吵闹造成的。

也许有人认为，她在某些地方的要求和吵闹，并不十分过分。是的，我们也肯定这样的说法，可这并不是我们所讨论的问题。

最重要的是，那种喋喋不休的吵闹以及无休无止的唠叨，对于解决问题有帮助吗？她这样做的结果只能把事情弄得越来越糟糕。

"我想，我真是要发疯了！"最后，托尔斯泰夫人终于认识到了自己的错误，可是已经太晚了。

喋喋不休的唠叨和争吵是最锋利的刀子，它可以毁掉任何美好的爱情和婚姻。

林肯的婚姻也是一场悲剧，这也是他人生中最大的悲剧。你没有看错，他人生中最大的悲剧并不是他的被刺，而是他的婚姻——当约翰·威尔克斯·布斯拿枪射中他的胸口时，他并没有感觉到痛苦，因为，他几乎每天都生活在痛苦之中。

哈顿是林肯的朋友，他们曾经在一间律师事务所工作。当他形容林肯过去23年的生活时，他这样说道："林肯一直处在由于婚姻不幸所造成的痛苦之中。"

是的，林肯的婚姻非常不幸，在那二十几年的时间里，他的妻子玛丽·托德每天都喋喋不休，让林肯疲惫不已。

玛丽·托德永远都在抱怨和批评自己的丈夫，认为林肯所做的一切都是错误的，甚至连他本人都是错误的。她嫌弃丈夫走路没有一点弹性，举止一点都不斯文，甚至经常模仿丈夫走路的样子来嘲笑他。她总是喋喋不休地要求林肯改变走路的姿态。

她非常讨厌丈夫那两只耳朵，以及呈现直角的头部，嫌弃丈夫的鼻子不够挺直，又说他嘴唇非常难看、手脚太大、脑袋太小。她甚至说自己丈夫简直像一个痨病鬼。

林肯和玛丽·托德非常不协调，无论是在教养、环境方面，性情、志趣方面，还是在智力和外貌方面——他们在各个方面都是相反的。所以，他们经常发生激烈的争吵，还彼此敌视对方。

已故议员比弗瑞滋研究林肯多年，可以说是研究林肯一生的权威人士。他这样写道："林肯夫人玛丽·托德每天都不停地吵闹，即便隔着一条街都可以听到那尖锐刺耳的声音。她不停地大声吼叫，凡是住在周围的邻居都能听得见。除了语言之外，她的愤怒通常还会用其他方式表现出来，但是我实在无法形容她那副愤怒的神情。"

我们来看一个这样的例子：

林肯和玛丽·托德刚刚结婚不久，便租住了欧莉夫人的房子。欧莉夫人是春田镇上一个医生的寡妇，为了贴补家用，她不得不将房屋租给一些房客。

有一天早晨，林肯夫妇正在吃早餐时，林肯不知说了什么事情，突然惹怒了玛丽·托德。她在暴怒的情况下端起一杯热咖啡，全部泼到了林肯的脸上——她竟然当着很多房客的面，做出这样过分的事情。

林肯并没有说任何话，而是强忍着怒气坐在那里。

这时，欧莉夫人走了过来，拿着一块毛巾，帮助林肯擦去了脸上和衣衫上的咖啡。

玛丽·托德是非常喜欢嫉妒的人，几乎达到令人难以相信的程度。她做出了很多令人震惊的事情，她是那样的凶狠、那样的爱激动……最后她简直精神失常了——如果我们能够厚道地换一种说法，那就是她平时就有些神经质。

玛丽·托德不停地吵闹、责骂、抱怨，是不是让林肯发生了改变？从另一方面来说，确实如此，那就是这改变了林肯对她的态度。

林肯非常后悔和玛丽·托德结婚，所以他尽量避免和她见面和说话。

当时春田镇共有11位律师，他们不能只依靠当地的事务来维持生计，所以经常骑着马，跟随当时担任法庭职员的台维斯法官，到其他各镇找事情做。这样一来，林肯和同事们才能在第八司法区里各镇上接到案子。

其他律师每逢周末都会回到春田镇，高兴地和家人度过周末。可是林肯却不愿意回家，从春天到秋天，他宁愿在外地奔波也不愿意回到春田镇。最重要的是，他每年都是如此。要知道，那些镇上小旅店并不是舒适的地方，住在那里也非常不方便。可是林肯宁愿孤单地住在那里，也不愿意回家去听他妻子喋喋不休的唠叨。

喋喋不休的唠叨是婚姻悲剧的主要原因，林肯夫人、欧仁妮皇后和托尔斯泰夫人总是无休止地和丈夫吵闹，而她们的人生最后也只能以悲剧收场。她们最珍爱的一切，和她们的爱情，就这样被摧毁了。

海姆伯格是著名的律师，他曾经在纽约家事法庭工作了11年，并且批阅过数千件离婚案件。对于婚姻方面，他有非常独特的见解，他这样说："男人离开家庭最重要的原因，就是他的妻子无休止的吵闹，以及喋喋不休的抱怨和唠叨。"

在《波士顿邮报》上曾经刊登过这样一段话："在生活中，许多妻子连续不断地、一次又一次地挖掘，终于给自己挖掘了一座婚姻的坟墓。"

所以，如果你想要保持你的家庭美满快乐，千万不要没完没了地唠叨，更不要无休止地争吵。因为，这是毁掉你美满家庭的剧毒。

3. 爱对方,并给他自由

英国大政治家狄斯瑞利说:"我一生或许犯过很多错误和做过很多蠢事,可是我绝对不打算为爱情而结婚。"

是的,他果然说到做到。他直到 35 岁时才打算结婚,而结婚的对象竟然是一个有钱的、年满 50 岁的寡妇。这个寡妇足足比他大 15 岁,头发已经灰白,而且并不漂亮。

那是爱情?不,绝对不是。寡妇知道狄斯瑞利并不爱自己,而是为了金钱而和她结婚。所以,她只提出一个要求,那就是必须等待一年。她希望通过这一年来观察他的性格和品格。一年之后,他们终于结婚了。

也许你会认为这样的婚姻会非常乏味、平淡无奇,几乎像是在做一次买卖。可是,出乎意料的是,狄斯瑞利的这桩婚姻非常幸福,被人们称为是最美满的婚姻之一。

狄斯瑞利的妻子是一个有钱的寡妇,她不年轻又不漂亮,而且还比他大了整整 15 岁。她和狄斯瑞利在学识上和见识上都相差甚远，两人几乎没有什么共同语言。在文学和历史知识上，她经常会犯很大的错误，往往会成为人们讥笑的对象。

她甚至连一些基本的历史知识都不知道，比如有这样一桩有趣的事——她永远都搞不明白到底是先有希腊，还是先有罗马。

她的衣饰装扮也非常离奇古怪，完全没有一点品位和素养。至于整理房间和陈设屋子，她也是一窍不通的。

可是，她在某个方面却是一位天才——那就是她懂得如何对待男人的艺术，并且在处理婚姻问题上是一位伟大的天才：她从来不会和丈夫发生争执，也不会提出和丈夫相反的意见。

每天下午，狄斯瑞利都会与那些尊贵并敏感的夫人谈话，所以，回到家时已经是心力交瘁、疲惫不已。这时她绝对不会打扰丈夫，而是给他一个安静的休息环境。

狄斯瑞利的家庭氛围总是愉快和睦、相敬如宾，这让他拥有了一个可以静心休息的地方。

狄斯瑞利和他的妻子一起生活的那段时间，是他一生中最愉快的时候。她是他的贤内助、亲信、顾问，更是他值得倾诉的对象。

每天晚上，当他从众议院回到家中时，总是兴致勃勃地告诉她白天所看到、所听到的新闻，而他的妻子只是静静地倾听。而最重要的是，她完全相信自己的丈夫，凡是他努力去做的事，她都毫无条件地相信他。

玛丽安——这个年过50岁的寡妇，经过了30多年的婚姻生活，她认为她所有的财产之所以拥有价值，那是因为它们可以让自己的丈夫生活得更安逸。反过来说，在丈夫心中，她就是一个伟大的女英雄。

在妻子去世后，狄斯瑞利才被授予伯爵的爵位。可当他还是平民的时候，他曾经恳请维多利亚女皇授予玛丽安贵族的身份。所以在1868年时，玛丽安被授予"毕根菲尔特"女子爵的封号。

不管她在众人面前的表现是如何的愚蠢笨拙，他从来都没有批评过她一句，始终没有指责过她一次。当别人嘲笑她时，他总是立即站出来，激动地为她强烈地辩护。

玛丽安并不完美，可以说她身上还有很多缺点。可是在她30年的婚姻中，她永远都不会厌倦自己的丈夫，她总是兴致勃勃地和别人谈论他、称赞他、钦佩他！

结果呢？他们的生活非常美满快乐，就像是狄斯瑞利自己所说的那样："我们结婚30年的时间，我从来没有厌倦过她。"

可是，有些人却有这样的想法：玛丽安对历史一窍不通，她一定非常愚蠢。然而狄斯瑞利却丝毫不在乎，他认为玛丽安是他人生中最重要的人,他还把她当成是伟大的英雄,他总是不断地称赞她,与她无所不谈。

结果呢?玛丽安时常对自己的朋友说:"感谢上帝的慈爱,我的人生总是充满了快乐。"

他们俩之间还有一段非常有趣的谈话。

狄斯瑞利曾这样问:"你是否知道,我之所以会和你结婚,仅仅是为了你的金钱?"玛丽安则笑着回答:"是的,但是如果你再一次向我求婚,一定是因为你爱我。你说我说得对不对?"

狄斯瑞利则痛快地承认她是正确的。

是的,玛丽安并不完美,但是狄斯瑞利并不在乎,并且聪明地让她保持原来的样子。

贾姆曾经说过一句名言:**"与人交往,第一件应该学习的事情,就是绝不干涉别人的自由,让他们保持原有的生活方式以及那种特殊快乐的方法……"**

著名作家伍特曾经写过一本有关家庭方面的书,里面有这样一段话:"婚姻的成功,并不只是寻找一个合适的人,而是自己应该学会如何做一个合适的人。"

所以,如果你想要家庭美满快乐,就应该记住:千万不要尝试改造你的伴侣。如果你足够爱他(她),就给他(她)足够的自由。

4. 别过分指责你的家人

在狄斯瑞利的政治生涯中,最强有力的对手就是格莱斯顿。他们两个人经常发生激烈的争吵,大英帝国的每一件事情都会引起他们不停的争辩,从而导致激烈的冲突。

但是,他们却有一个共同点,那就是他们的婚姻生活都非常幸福和快乐。

格莱斯顿和他的妻子一起生活了 59 年,一直恩爱有加,几乎从不吵架。这位英国历史上最值得尊敬的首相,生活中也会呈现出温柔可爱的一面:

格莱斯顿经常亲密地拉着妻子的双手,围绕在火炉边的地毯上一边快乐地跳舞,一边唱下面这首歌:

丈夫衣衫褴褛,妻子服饰亦陋。

人生总有沉浮,需要同甘共苦。

在公开场合,格莱斯顿是一位令人敬畏的国家领导者,但是他在家里却永远都温柔和蔼,从来不会严厉地批评别人。

比如，当他早上下楼吃早饭时，如果看到家人还未起床做饭，他就会用温和的方式来表达自己的意见——他会在楼下放声歌唱，唱着一些不知名的歌曲，很快整个房屋就会充满高昂快乐的歌声。这时，他的妻子和家人就会赶紧起床，为格莱斯顿做早餐。

你可以想象一下这个画面：全英国最忙碌的人，用歌声来叫醒睡懒觉的家人，并且独自一人在餐厅中等着吃早餐，这是多么有趣且温馨的画面啊！

格莱斯顿是当时最具有风度的外交家，而在家中也始终保持外交家的风度——不仅可以体谅自己的家人，更尽力控制自己的情绪，从来不会在家里批评任何人和任何事。

所以说，不管你是一个普通人，还是像格莱斯顿那样伟大的人物，都应该学会控制自己，切忌过分地指责家人，这样才能维持家庭的幸福美满。

俄国女皇叶卡捷琳娜二世也懂得这个道理，并且宽容地对待自己的家人。

叶卡捷琳娜曾统治着历史上最大的帝国，拥有至高无上的权力，并且掌握着千百万臣民的生杀大权。在政治上，她可以说是无比残忍的暴君，肆意发动侵略弱小国家的战争,残忍地处死自己的仇敌以及和自己作对的人。可是她在私人生活中,却是一位宽容仁厚的人。如果她的厨师把肉给烤焦了,她不会指责他一句,而是微笑着吃下去。

其实,我们应该学习她这种宽容大度的做法,不仅要宽容地对待别人,更要包容丈夫以及家人的过错。

迪克斯是美国研究婚姻关系的第一权威专家,关于导致婚姻不幸的原因,他这样说:"在所有婚姻中,有50%以上是不幸福的。许多浪漫的梦想之所以会幻灭,最主要的原因之一,就是那些毫无意义却让人无法忍受的批评。"

所以,如果你想要维持家庭生活的幸福和快乐,就应该尽量避免批评自己的家人。

在生活中,许多父母遇到一点小事就严厉地批评孩子,对此,你一定认为我会这样说:"不要批评。"但是我并不想这么说,而是要告诉你:"在你批评孩子之前,请先阅读下面《粗暴的父亲》这篇小短文,它是美国最著名的新闻教育文章。"

这篇文章最初发表在知名报刊《家庭纪事》的社论专栏,作者是利文斯登·劳拉德。偶然一次灵感迸发,他便写作了这篇文章,但是它却打动了无数读者的心,以至于成为深受众人喜欢并且一再被转载的文章。

这篇文章首次发表之后,劳拉德曾经这样说:"全美国成百上千家报纸杂志都刊登过它,在国外也受到了读者的热烈欢迎。我曾经允许他人在学校、教堂和演讲台上朗诵这篇文章,并且电视和收音机也无数次转播或广播过它。

"最令人感到惊讶的是,它不仅被大学刊物转载,还经常被中学刊物转载。我没有想到,一篇小文章竟然可以打动这么多人,竟然可以引起这么多人的共鸣。没错,这篇文章确实引起了如此大的效果。"

我已经征求了作者利文斯登·劳拉德的同意,并且按照《读者文摘》的节选版摘取了这篇文章,下面我们就来看看这篇引起巨大轰动的文章吧。

粗暴的父亲

我的儿子,你听着,我想在你熟睡时说几句话。

你躺在床上,小手按在脸颊上,湿湿的金黄色卷发粘在你那已经布满汗水的额头上。

几分钟之前,当我在书房读报时,我突然感到非常懊恼,几乎难以呼吸。我是满怀愧疚来到你的床边的。

我的儿子,我想到了很多很多的事情:我对你真的太粗暴了。当你穿衣服上学时,我严厉地呵斥你,只是因为你用毛巾随便擦了把脸;当你没有把鞋子擦干净的时候,我也会对你大发雷霆;当你把东西随意丢在地板上时,我甚至会对你大喊大叫。

在吃早餐时，我发现你又犯了错：你吃饭时没有一点修养，把食物撒在了饭桌上，还把手肘放在桌子上，甚至在面包上涂了厚厚的一层黄油。

当你出门玩耍，而我正要去赶火车时，你转身向我挥挥手，高兴地向我道别："爸爸再见！"可是我却皱着眉头批评你："挺起胸膛！"

晚上，我又开始挑你的毛病。在路上时，我就看见你跪在地上打弹珠，你的长筒袜磨出了好几个洞。

我愤怒地当着你伙伴的面把你押回家，而这让你感到非常羞辱，这时我却对你说："买袜子是需要花钱的，如果你自己花钱买，或许就不会这样了。"

唉，作为父亲，我竟然对你说出这种话来。

你还记得吗？没过多久，当我在书房读报时，你小心翼翼地走进来，胆怯地看着我，眼睛里充满委屈和胆怯。我放下报纸后看到了你，非常不满你这时来打扰我。

"你有什么事情？"我不耐烦地问道。

你什么也没说，只是突然跑到我身边，用上帝也会感动的爱，搂住我的脖子亲了我一下，然后又用小手紧紧地拥抱了我一下。很快你就离开了，快步跑向楼梯上楼了。

你很快就离开了，我的儿子，而我却震惊不已，连报纸都从手中滑落在地，一种难以忍受的愧疚感涌上了我的心头。

我真是深受坏习惯的危害——吹毛求疵并且动不动就训斥别人,这就是我对你这个小男孩所做的事情!

我十分爱你,我的儿子,只是我对你的期望太高了,并以我这个成年人的标准来要求你。

然而,你天生的性格中却充满了真、善、美。你那颗幼小的心灵如同清晨的阳光一般,包容并且照亮了群山——你跑进来亲吻我,并且真诚地向我道晚安,这一切证明了你对我的爱。

我的儿子,现在我在黑暗中悄悄来到你的床边,怀着愧疚之心跪在这里。

这不过是毫无意义的忏悔,我知道,即便是在你醒来的时候我对你说的这些话,你也不会明白其中的含义,但是,我决心从明天开始做一名合格的父亲。

我要成为你的好伙伴,分担你的痛苦,分享你的欢笑。我再也不会不耐烦地批评你、训斥你,我会不断郑重地对自己说:"他只是个孩子——一个几岁的小男孩!"

我想,我以前是把你当成大人来对待的。但是,我的儿子,此时当我看到你蜷缩着小小的身体在你的床上熟睡时,你仍然只是一个孩童。你依偎在母亲的怀里,头轻轻地靠在她肩上,那些情景犹如昨天发生的一样。

我以前对你太严厉了,太苛刻了!

所以，如果你想要家庭生活美满，就应该记住：千万不要过分去指责家人。

5. 多赞赏家人

鲍宾诺是洛杉矶家庭关系研究会的主任，他曾经说过这样一段话："大多数男人在寻找合适的妻子时，通常不会想要寻找一个有经验、聪明能干的女子，而是想要寻找一个长得漂亮，并且能经常满足他的虚荣心和优越感的女性。"

所以，我们可能会看到这样的情形：当一位在某公司担任经理的未婚女性被一位男士邀请共进晚餐时，这位女经理通常会在餐桌上自然地搬出她那些渊博的学识以及丰富的职场经验来。晚餐过后，这位女经理还会坚持支付自己的餐费——结果，她以后或许都会单独一个人用餐了。

或许还有另一种情景：一个没有受到高等教育的女打字员，也被一位男士邀请共进晚餐。这时，她会热情地注视着面前的男士,并且带着非常仰慕的神情说:"真的,你太厉害了。我非常喜欢听你说自己的故事,你再和我多说一些吧……"

结果呢?这位男士很快就会爱上这位女打字员。他会告诉别人:"她虽然并不美丽,也没有高学历,但是我从来没有遇到过比她更会说话的女人了。"

男士应该经常赞赏女人美丽的容貌,和她们身上漂亮得体的衣服。可是男士们几乎都忽略了这一点,如果他们稍微留心观察一下,就会知道女人是多么重视自己的穿衣打扮。

如果有一对男女,在街上正好碰到另外一对男女,女人几乎很少在意对面过来的男士,而她们通常习惯观察对面女人的衣着打扮。举个例子:

几年前,我的祖母在98岁高龄时因病去世。在她去世前的某一天,我们找到了一张很多年前她的照片给她看。祖母的眼睛已经因为衰老而看不清东西,这时她竟然着急地问我们:"当时我穿的是什么样的衣服?"

我们不妨想想,一个卧床不起的高龄老太太,她的记忆力已经模糊,眼睛也老花了,甚至都认不出自己儿女的样子——可是她还非常在乎这张老旧相片上自己穿的衣服是否漂亮。

当老祖母问这个问题时,我就在她床边侍奉着,这给我留下了深刻的印象,让我终生难忘。

亲爱的男士们,当你们看到这一章内容时,或许已经根本记不清 5 年前你身上穿着什么样的外衣,或是什么样的衬衫——其实,男士们也丝毫不会在意这些。可是,对于女人来说,这具有非同一般的意义!

我曾经摘选了一篇小故事,其实我相信它永远不可能发生,但是这个故事却蕴含了一个深刻的人生道理,所以在这里,我想告诉你们这个故事:

有一个贫穷的农家女子,每天都要做繁重的工作,并且还要为其丈夫做饭。有一天,经过一整天劳累的工作后,丈夫在等着吃饭,可是农家女子却抱着一大堆稻草放在丈夫面前。

丈夫吃惊地问她:"你是不是疯了?"

那个女子回答说:"哦!我怎么会知道?但你竟然注意到了这个问题——我每天都为你做饭,已经做了 20 多年,可是我从来没有听到一句赞美,这让我怀疑你吃到的是不是稻草。"

这个故事证明了赞美的重要性,并且每个人都渴望被人赞美。

在沙皇时代的莫斯科和圣彼得堡,生活着养尊处优、地位高贵的贵族们,他们非常注重礼节,并且愿意赞美身边的每一个人,而这似乎已经成为那些贵族们的一种习惯。比如,当他们品尝到美味的晚餐时,就会请主人将主厨叫到餐厅来,毫不吝啬地给出自己的赞美。

赞美具有强大的力量,为什么不把这种方法运用在你妻子的身上呢?当她为你做了一道美味可口的烧鸡时,要真诚地给予夸奖:"这盘菜烧得非常好,我吃着很可口!"

你要让妻子知道,你懂得欣赏她的手艺,并且赞美她做的食物,不要让她觉得你是在吃草。正如格恩所说的那句话一样:"好好地夸一夸这位小妇人吧!"

你应该让自己的妻子知道,她是你心中非常重要的人,在你的生活中占着非常重要的地位。狄斯瑞利是英国一位声名显赫的大政治家,在上一节我们已经说过,他绝不会吝啬对妻子的赞美,他经常对别人说:"我妻子在很多地方都给予我极大的帮助。"

有一天,我正在翻看杂志,看到一篇关于埃迪·康特的访问,他是好莱坞最著名的电影明星。这篇报道是这样写的:

在全世界所有人中,我的妻子给予了我最大的帮助。

当我还是一个小孩子时，她就是我青梅竹马的伙伴，她经常引领我前进，并且不断鼓励我勇往直前。

我们结婚后，她过着节俭的生活，把节省下来的每一分钱都进行投资，最终为我积累了一大笔财产。

现在她为我养育了5个可爱乖巧的孩子，并且给我们营造了一个温馨甜蜜的家。现在，我能够取得的任何成就，那完全要归功于我的妻子。

在好莱坞影视界，婚姻是需要冒很大风险的。很多保险公司都不愿为它保险，甚至连伦敦的劳滋保险公司都不愿意冒这个险。不过，在好莱坞还是出现了少数几对婚姻美满的著名夫妻，巴克斯特夫妇就是最典型的一对。

巴克斯特夫人过去也是非常著名的演员，后来她为了全心全意地经营婚姻而放弃了极有前途的舞台事业。可是她并没有白白牺牲这些，而是最终获得了幸福美满的婚姻。

巴克斯特这样说："虽然她失去了舞台下无数观众的掌声和赞美，可是从那之后，我随时随地都会陪在她身旁，并且随时随地给予她最真诚的赞美。作为一位妻子，非常渴望从丈夫身上获得快乐欢愉，而这些快乐欢愉都可以从丈夫的欣赏和热爱中获得。如果这种欣赏和热爱是发自内心的，那么她也可以获得真正的快乐。"

现在你明白了吧！

所以，如果你想要维持家庭的美满快乐，就必须记住一个最重要的原则，那就是给予家人最真诚的赞美和欣赏。

6. 对小事多加注意

自古以来，鲜花就是爱情的象征，并且被赋予了爱情的语言。鲜花并不是非常昂贵，尤其是鲜花盛开的季节更是便宜，在每一个地方的便利店都可以买到。

但是，一般来说，丈夫却很少给自己的妻子买一束水仙花或是一束玫瑰。从这种现实情况来看，或许你觉得水仙花和玫瑰花如同兰花一样昂贵，或者如同阿尔卑斯山陡峭悬崖上盛开的雪莲那样稀有。

为什么非要等到你的妻子生病住院时，才肯愿意给她买花呢？为什么不在今天晚上回家时，就送给她一束玫瑰花呢？如果你想要看看这样做的效果，那么不妨尝试一下，看看妻子会有怎样的反应。

乔治·柯恩是百老汇最繁忙的人，每天都要从早上忙到晚上，但是他坚持每天和自己的母亲通两次电话，直至母亲去世为止。你是不是认为，他每次都会和母亲谈论一些重要事情或是一些新鲜的趣事？不，绝对不是。

乔治·柯恩只是问候母亲生活上的一些琐事。这虽然是一件小事，但是却代表了他对所爱的人的思念，说明他想要让她感到幸福快乐；而她的幸福快乐对他来说，是一件非常珍贵和重要的事情。

对于女人来说，她的生日和纪念日具有特别的意义，并且会对此非常关心和在意。这是为什么呢？其实，至今没有人知道其中的原因，这可能永远都是一个无人知晓的秘密。

一般来说，男人即使不记得那些意义非凡的日子，他们仍然可以舒服地过一辈子。但有些日子对于他们来说，却是应该记住并且是必须记住的。比如：1492年10月12日（哥伦布发现美洲新大陆的日子）、1776年7月4日（美国独立日）、妻子的生日，以及他们的结婚纪念日。

如果他们确实记不住那么多日子，那么，可以不必记住是哪一年发生的事情，但是后面的几月几日必须记住！

芝加哥大法官塞巴斯曾经审理过4万件离婚案，还调解过2000多对夫妇的婚姻矛盾，并且让大部分达成了和解。

他说:"大多数夫妻婚姻不幸福、关系不和睦,根本原因就是生活中的那些细小琐事。当丈夫早上离开家上班时,如果妻子能亲热地和丈夫挥手道别,那么就可以让很多夫妻不至于以离婚收场。"

著名诗人罗伯特·布朗宁和妻子伊丽莎白·巴雷特·布朗宁的婚姻生活非常幸福美满,他们可以说是历史上最值得称颂和令人羡慕的夫妻。

不管布朗宁多么繁忙,都不会忘记在细小的事情上关心和赞美他的妻子,所以他们的爱情才会长长久久。平时,他总是细致入微地关心和照顾患病的妻子,所以他的妻子感到非常幸福。有一次她写信给自己的妹妹说:"现在我开始自然而然地觉得,我也许真的是一位天使。"

在日常生活中,许多男人总是在小事上忽视妻子,并且没有意识到其中的重要性。盖罗·麦道斯在《图书评论》中发表过一篇文章,他这样说:"美国家庭真的需要一些新的花样,比如在床上吃早餐,这是许多女人借此放纵自己的机会。对于女人来说,在床上吃早餐,就如同私人俱乐部对于男人一样同等重要。"

每天都会发生一连串琐碎的小事,这才是长期稳定的婚姻的真实情况。如果你忽视这些细小琐事,夫妻之间就会出现很多矛盾,从而导致家庭不和。

著名女诗人艾德娜·圣·米兰创作了一篇有趣的短诗,

正是描述这样的情形：

并不是失去爱情破坏了我的美好时光，

而是生活的细小之事导致了爱的消亡。

这首诗虽然短小，但是告诉了我们婚姻生活的真谛，我们应该牢记这首小诗。

在雷诺有好几个法院，法院每星期有6天的时间为人们办理离婚和结婚，而两者每天的比例为10∶1。这么多不幸的婚姻中，你认为究竟有多少婚姻是因为真正的悲剧而造成的呢？

我敢向你保证，这个概率简直太小了。如果你有足够的时间坐在那里，听那些婚姻不快乐的夫妻讲述自己的故事，那么你就会知道，正是因为生活中的一些细微琐事，才导致了婚姻中爱情的逐渐消亡。

现在，请将下面这段话抄录在一张纸上，然后把它剪下来，并且贴在你的帽子里或镜子上，这样每天早晨你刮胡子修面时，就可以看见这些话。

机会稍纵即逝，永远都不会再来。所以，凡是对任何人有帮助的事情，而且我现在又能做到的，或是我能关心体贴任何人的时候，我应该马上就去做这件事。不要拖延，不要疏忽生活中的细小琐事，因为机不可失时不再来。

所以，如果你想让自己的家庭一直保持幸福和快乐，那就应该多注意细小的琐事，不要让细节毁掉自己的幸福。

7. 婚姻幸福的奥秘

詹姆斯·布莱恩是美国当时最伟大的演说家之一，曾经参加过美国总统竞选。后来，布莱恩的女儿和瓦特·丹鲁什结婚了。很多年前，他们在苏格兰的安德鲁·卡内基家中相识，并且很快就坠入爱河。在他们几十年的婚姻生活中，这对夫妇一直都过着非常幸福美满的生活。

那么，他们婚姻幸福的秘诀是什么呢？

丹鲁什夫人说："除了慎重地挑选伴侣之外，我认为最重要的因素就是日常生活的态度问题。我希望那些年轻的妻子应该殷勤有礼地对待她们的丈夫，就像对待陌生人一样彬彬有礼。如果你泼辣蛮横、蛮不讲理，任何男人都会被吓跑。"

可以说，蛮不讲理是毁灭爱情的毒瘤。每个人都懂得这个道理，但是当我们面对自己的亲人时，有时竟然会忽视礼貌和客气，甚至比不上对待陌生人那样有礼貌。

通常，我们总是彬彬有礼地对待陌生人，绝对不会无礼地打断某个陌生人的话，绝不会说："天啊，你又翻出那些过去的小事来唠叨，真是烦死了！"如果没有得到别人的允许，我们绝不会私自拆开别人的信件，或者打听他们的隐私。

但是，我们却会肆无忌惮地对待自己的家人，即便他们犯了很小的错误，我们都会严厉地羞辱、责怪他们。

让我们再次引用迪克斯的话："我发现一件非常令人震惊却又千真万确的事，那就是唯一对我们说出那些刻薄难听、带有侮辱性的话的人，正是我们自己最亲密的家人。"你有何感想？

亨利·克雷·莱森纳也曾经说过这样的话："礼貌是一种内在的品质，它可以弥补服饰和外表的缺陷，让那些比你更优秀的人也不敢轻视你。"对于婚姻来说，殷勤有礼也非常重要，就如同机油对于发动机一样。

奥利弗·温德尔·霍尔姆斯写作了《早餐桌上的独裁者》一书，深受广大读者的喜爱，但是他在婚姻生活中却不是一个独裁者。

事实上，他是一个非常懂得体贴别人的人，即使他的心情非常郁闷，也会尽量掩藏自己的情绪，不会让家人察觉出来。他自己不仅要忍受郁闷的苦痛，还尽量不让这种情绪影响到家人的生活，真是体贴入微啊！

这是霍尔姆斯最值得称道的地方。

但是，生活中有些人又是怎样做的呢？如果他在外面遇到不顺心的事情，比如在办公室出了点问题，丢掉了一笔业务，被上司批评责骂，累得筋疲力尽，或者错过了火车……几乎还没回到家，他就想着拿自己的家人出气了。

在荷兰，人们进入屋子之前，通常都会先把鞋子脱在门外。我们应该学习荷兰人的做法，不过，我们应该丢在外面的不只是鞋子，还应该把一天的烦恼也甩在门外。

威廉·詹姆斯曾写过一篇《人类的某种盲目》的文章，非常值得我们读一读，其中有这样一段话："这篇文章所要讨论的人类的盲目，就是不知道动物和人的区别究竟在什么地方，这种盲目让大家都深深感到了痛苦。"

事实正是如此。许多男人绝不会粗鲁地对待自己的客户，或是对自己的业务合伙人大吼大叫，并且说出那些尖锐刺耳的话，但他们却总是对自己的妻子大声怒吼。

然而，对于一个人的幸福快乐来说，婚姻比事业更重要。

如果一个人拥有幸福快乐的婚姻，那么他的生活比独自幽居山林的天才更要快乐无忧。俄国伟大的小说家屠格涅夫深受读者的喜爱，其作品在世界上享有盛誉，但是他却这样说："如果有一个女人在一个地方等着我关心我，并且担心我回家吃饭太晚的话，那我宁愿放弃我所有的才华和所有的著作。"

婚姻中，幸福快乐的概率究竟有多少？前面我们已经说过了。迪克斯认为，有50%以上的婚姻都是不幸的，但是保罗·鲍比诺博士却不赞同这个观点，他认为："男人在婚姻上获得成功的机会，远远大于他事业取得成功的机会——不管他从事什么行业。所有从事食品杂货生意的男人，有70%的人都会遭遇失败；而所有步入婚姻礼堂的男人，有70%的人会获得幸福的婚姻。"

迪克斯认为婚姻是人生中最重要的事，他这样阐述到：

和婚姻相比，出生只不过是人生的一小幕场景，而死亡也不过是一件小事。

女人永远都无法明白，为什么男人不愿意花费同样的时间和精力，把自己的家庭营造成一个幸福快乐的乐园？就如同他努力争取成功的事业一样。

对于男人来说，虽然他们都希望拥有一位令人羡慕的妻子以及一个幸福美满的家庭，这比让他赚取100万美元都重要。可是，在100个男人中，却没有一个人想要认真地经营自己的婚姻，或是真诚地为婚姻幸福而努力，他把自己人生中最重要的事情都交给了命运，让命运来决定他的成败。

女人也永远无法明白，为什么她们的丈夫不愿意用温和客气的态度来对待她们，这样就可以轻易平息家庭中的矛盾和冲突。

每个男人都明白，只要她可以让自己高兴，就可以让他心甘情愿地去做任何事情，而且还是不顾一切地做好任何事。他们也知道，只要随便赞美她几句，夸奖她把家庭管理得井井有条，或是她非常能干并且没有让他花一分钱，那么她就会为了他心甘情愿花光自己的最后一分钱。

每个男人都知道，如果他夸奖自己的妻子，说她穿上去年那套裙子非常美丽动人，那么她会放弃再去买从巴黎进口的昂贵裙子。每个男人也都明白，他一个亲吻就可以让妻子乖巧地听他的话，甚至会让她忘记所有的不愉快和冲突，并且温柔地顺从于他。

每一位妻子都知道丈夫清楚地知道所有的事情，因为她早就明明白白地告诉了他自己需要的是什么，应该怎样对待她。但是，她的丈夫宁愿和她争辩吵架，宁愿吃下那些难以下咽的饭菜，或者宁愿花钱给她买新衣服、汽车、珠宝等昂贵的物品，却不愿意赞美她几句，也不愿意温柔地对待她，或是以她所希望的方式来满足她。所以，妻子真的不知道应该喜欢他，还是应该讨厌他。

所以，如果你想要保持婚姻生活的幸福美满，就应该温柔有礼地对待家人，并且把烦恼和不快甩在家门之外。

8. 不要做婚姻的无知者

凯瑟琳·戴维斯博士是社会卫生局的总干事，有一次她针对1000位已婚妇女做了一次系统的调查，并且请她们毫不保留地回答一些涉及个人隐私的问题。调查结果令人感到震惊，它揭示了一般美国成年人在性生活方面的一个奇怪现象，那就是大多数成年人的性生活并不和谐愉快。

戴维斯博士仔细阅读并研究了这些已婚妇女的回信，随后她立即公布了自己的观点：美国大部分人婚姻破裂的主要原因之一，就是性生活方面的不和谐。

乔治·汉密尔顿博士也做过类似的调查研究，并且证实了戴维斯博士的观点。汉密尔顿博士用了4年时间，分别观察研究了100个男人和100个女人的婚姻生活。他曾经分别和这些男女进行了单独谈话，并让他们回答了400

个关于婚姻生活方面的问题,随后对这些问题进行了详细研究。

因为这项调查研究在社会学方面具有非常重要的价值,所以,很多著名的慈善家都慷慨地给予了赞助。如果你想知道这项研究的结果,我建议你读一读汉密尔顿博士和麦克格温共同编写的《婚姻的症结在哪里》这本书。

那么,婚姻的症结究竟在哪里呢?

汉密尔顿博士说:"只有那些极端偏执或十分鲁莽的精神科医生才会说这样的话,说婚姻生活的大部分矛盾并不是因为性生活的不和谐而导致的。不管什么情况下,如果一对夫妻的性生活非常和谐,那么许多由其他因素导致的摩擦也会轻易解决。"

保罗·鲍比罗是洛杉矶家庭关系研究所所长,也是研究美国家庭生活方面最权威的专家,他曾经仔细地分析过几件婚姻纠纷案。最后他得出结论,认为造成婚姻失败的原因主要有4种因素,他按照重要程度将这些因素排列如下:

1. 性生活不和谐。
2. 针对"空闲时间应该去哪里"这类问题存在的分歧。
3. 经济拮据。

4. 心理、生理或情绪上的反常现象。

我们应该注意，性生活被排在了第一位。而出乎意料的是，经济方面的因素只排在第三位。

所有研究离婚案件的专家都赞同这一观点，那就是夫妻之间在性生活上必须相互配合。例如，哈夫曼是辛辛那提法院处理家庭关系的法官，他处理过几千起离婚案件，他曾经说："在所有离婚案件中，80%以上都是由性生活上的不协调导致的。"

著名心理学专家约翰·华生也有同样的观点，他说："性，被认为是生活中最重要的事情，而且也被认为是造成大多数婚姻失败的原因。"

很多专业医生参加过我的演讲训练班，在班上他们也曾经说过同样的观点。在20世纪，我们受过多年的高等教育，并且读过无数书籍，但是却并不了解这种最原始的、自然的本能，难道你不觉得这是一件非常可悲的事情吗？

奥利弗·布特费尔博士是美以美教会的牧师，他在担任了18年的牧师后，竟然放弃了自己的传教事业，之后他去了纽约市一家家庭指导服务中心，担任那个中心的主任。而他的婚姻也稳定美满地维持了几十年，甚至比许多年轻人的年龄还大。他这样告诉我：

根据我多年担任牧师的经验，我发现许多人虽然向往美好浪漫的生活,并且有着美丽梦幻的爱情,但是当他们步入婚姻的殿堂时,却仍然是"婚姻的无知者"。

现实生活中,许多人不懂得经营婚姻,忽视婚姻中的一些不协调现象,当你发现离婚率竟然只有16%时,或许你会认为这真是一个奇迹!然而事实上,许多夫妻并没有幸福美满的婚姻,他们只不过没有离婚而已。他们的婚姻生活几乎犹如地狱般痛苦。

布特费尔博士最后说:"很少有人仅仅凭借机遇就可以获得婚姻的幸福和快乐。它需要人们努力经营,而且还需要理智的、审慎的计划。"

为了帮助人们营造幸福美满的婚姻,多年来布特费尔博士一直坚持做着这件事情,那就是:凡是他主持过的新人婚礼,他都会要求双方坦诚地谈谈他们未来的计划。

从这些谈话中他得出一个结论:许多关系亲密且急于结婚的人,其实都不懂婚姻的真谛。

布特费尔博士告诫大家:"性,只是婚姻生活中需要满足的众多事的其中之一,但是只有让它变得协调了,其他方面才会更加和谐顺利。"

那么,如何才能让夫妻的性生活协调呢?

对于这个问题的答案,布特费尔博士有非常独特的想法,所以我再次引用他的话来说这个问题。他这样说道:

不能碍于情面而不好意思提出这个问题，夫妻双方必须进行改变，客观地讨论婚姻生活，并能够以超然的态度来对待婚姻。

如果你想要获得这种能力，就必须阅读一些内容丰富的专业书，除此之外没有别的好办法。除了我自己写的《婚姻与性的和谐》这本小册子之外，我认为还有几本书比较有价值。其中3本最适合一般人阅读，伊沙贝尔·赫顿的《婚姻中的性技巧》，爱克纳的《婚姻中的性生活》，以及伊斯纳德的《婚姻中的性因素》。

所以，如果你想要维持婚姻生活的幸福美满，就不能做婚姻生活的无知者，要懂得性对于婚姻的重要性。

9. 如何与妻子相处

著名哲学家弗朗西斯·培根曾经这样说："男人一旦结婚生子，就意味着失去了财富和机遇。"对于婚姻来说，他认为男人不应该结婚生子并且背负家庭重担，一旦结婚生子，男人就必须要承担命运之神随时夺走家人性命的风险，这是一种非常愚蠢的行为。

这个观点虽然说明了培根对于婚姻生活的悲观态度，但是它也从另一方面说明了一个道理，那就是男人结婚需要更多的勇气。以前人们普遍认为，单身男子更有勇气而无所顾忌，而那些已经结婚的男人则更加谨慎而畏首畏尾，但是现在看来，我们应该改变这个传统观念。

事实上，单身男子和已婚男人相比，显得更加谨慎。他们通常不敢冒险和未婚妻去婚姻登记处，因为他们担心这样会破坏他们早已制订好的计划。他们做事谨小慎微、性情多变、犹犹豫豫，就像未婚女子所说的那样："男人不敢跳入婚姻的海洋，他们只敢在海边的沙滩上散步，偶尔小心翼翼地用脚碰一下海水，一旦看到大波浪袭来，他们就会立即退缩回来，逃到安全的地方去。"

而对于已经结婚的男人来说，他们都是富有冒险精神的人，因为他们具有独行大盗杰西·詹姆斯那样的胆量，并且具有身受重伤还向前冲的犀牛那样的勇气，以及赌徒那样敢于冒险的性情。

和这种赌徒般的性情相比，那些在蒙特卡罗疯狂赌博并且惨遭破产的人只是小儿科而已，因为已婚男人将自己的生命、金钱以及整个人生等赌注全部押在一个女人身上,并且要尽力让这个女人永远幸福快乐。他的对手就是命运之神,他把自己所拥有的一切都抵押给了命运之神,然后还经常对它做鬼脸。

在这里,我们并不想批评那些已婚男人;而是想给他们提出一些小建议,以便让他们的婚姻生活更加幸福美满。让我们来向这些富有冒险精神的男人表示最高的敬意吧。

列奥纳多·S.柯瑞尔博士曾经担任康奈尔大学文理学院院长,他曾经设计了一幅美好的婚姻蓝图:

幸福的婚姻只属于那些心灵成熟、了解自己以及富有责任感的人,他们懂得如何和别人建立良好的人际关系,并且不管做任何事情都能为他人的幸福着想。

一个家庭是通过内在价值而结合在一起的,比如爱情和伴侣的满足,而这种内在价值是无法强求的。

这里所说的这种内在价值,虽然不能强求,但是却可以通过一些手段来发展、维持和增强。

下面是我们从已婚妇女那里搜集来的资料,可以为已婚男人提供一些如何和妻子相处的建议:

(1)经常感谢和赞美她

如果你必须节省开支才能维持生活,那么也不要吝惜送给你妻子赞美和夸奖,因为这赞美就好像是蜜糖一般。

如果你经常赞美她,称赞她非常能干、贤惠,那么她就会对你死心塌地。不管你是失业还是破产,不管你是变胖还是变老,她始终都会陪伴在你身边,毫无怨言地支持着你。即使她一整年都穿着一身旧外套,或是买不起一件漂亮的新衣服,都不会有丝毫怨言。

但是非常可惜,那些聪明能干的男人,很少有人真正了解女性的这一特点,他们认为自己愿意和她结婚,就是她一辈子的福气。这些已婚男人根本不知道,妻子从来不会厌烦丈夫对自己的赞美。

男人非常容易知道自己在各方面的表现和成就,如果在工作上出现了失误,上司就会来提醒他;如果他们谈成了一笔大买卖,那么就会获得加薪或红利,或至少获得上司的当众嘉奖。

可是,每天都在家里忙于家务的妻子呢,她们如何知道自己的表现和成就?如果丈夫不给予她们夸奖,那么她们永远也不知道自己的表现如何。所以,丈夫的夸奖和赞美就是对妻子最好的奖赏。

你不妨仔细观察一下,你身边那些婚姻幸福快乐的丈夫,以及在能干、贤惠妻子的照料下而尽情地享受人生乐趣的丈夫。他们为什么会感到快乐呢?

那完全是因为他们深谙赢得妻子芳心的技巧——这也

是让女人心甘情愿为他们奉献一切的最有效、最正确的方法,那就是永远都毫不吝啬地给予她们最真诚的赞美。

我们来看下面的事例:

我有一位朋友叫罗伯·N.普拉尔,他是纽约《世界电报》的专栏作家,也是一位敢于揭露罪恶的勇敢作家,他写作了揭露都市腐败现象的著作《大贿赂》。

罗伯最令人羡慕的地方,并不是他取得了非凡的成就,而是他娶了一位几乎所有男人都梦寐以求的理想妻子。而他的妻子珍妮也非常崇拜罗伯,她认为自己的丈夫就是这个世界上最伟大的男人,而且她经常当着别人面夸奖罗伯。

罗伯总是有办法让妻子保持良好心情,每天都开心快乐。比如,当出版商将精心制作的精美封面的珍藏本送给罗伯时,罗伯就会当场在封面题写上这样的话:"献给珍妮——我亲爱的妻子和我的生命。"

对于一个女人来说,这样的赠言显然比任何东西都能令她开心快乐,因为这是对她成功地料理家庭生活最真诚的、发自内心的赞美和肯定。

(2)慷慨大方、体贴地对待妻子

许多男人有一个错误的认识,他们认为慷慨大方就是金钱上的慷慨——当妻子喜欢某件衣物时,他们应该毫不吝啬地帮她付账单,并且经常给她足够的零花钱。

可是,现在我要告诉你,女人所看重的慷慨大方并不只是金钱而已,金钱只是很小的一部分。她们最在意的是你这样对她说:"好的,亲爱的,我们把你妈妈接过来吧,我们一家人要共度一段美好时光。"

对于妻子来说,这样的慷慨大方更令她们感动和开心。她们希望丈夫可以在公共场所关爱体贴自己,就像他对待一个陌生的美丽女子那样温柔体贴,并且懂得慷慨地对待自己、尊重自己。

在餐厅里,你是否玩过这样的游戏,猜猜哪一对男女已经步入了婚姻的殿堂?如果你没有玩过,应该找时间尝试一下:

两个人静静地坐在餐桌旁,男人只关心他盘中的小牛排或是偶尔看看美丽的服务员。而女士则百无聊赖地拨弄盘中的食物,脸上没有任何笑容。乍看上去,这一对好像是素不相识的陌生人,其实他们是已经结婚多年的夫妻。

相反,如果男人小心周到地为女士拉开椅子,好像她是玻璃制品一般细心呵护,温柔地与她谈话,有时还逗得她开心娇笑——那么,这位男人肯定是在热烈地追求这位女士,或是他正在陪一位女客户共进晚餐。

举一个例子：有一次，我被邀请参加一场欢迎某位名人的宴会，这位名人非常热情周到地招待所有客人。可是他却忽略了自己的妻子，在整场宴会中他甚至没看过她一眼，好像她是一个透明人一样。

其实，适当地体贴关心自己的妻子，并不会损害他的公众形象，反而会让别人更加尊重他，并且让他们夫妻之间的感情变得更加和谐。

结果你已经想到了，他们离婚了。

当然，任何人都不会对这一结局感到惊讶。就像爱一样，我们应该给予别人体贴、仁慈和善良，而且应该先从自己的家人开始。

（3）保持良好的仪表，整洁的衣着

许多男人认为，只有女人才应该保持良好的外表和迷人的风采。比如，女人总是警告别人和自己：不要忘记涂面霜，不能戴着满头发卷上床睡觉，还有身上不能有体臭，手指应该纤细整洁，不能让自己太胖，更不能懒散成性。

女人之所以这么注重自己的仪表和保持美好的身材，是因为她们害怕一旦自己失去了靓丽的容貌和青春，就会遭到丈夫的嫌弃和抛弃。

但是，那些男人会注意自己的仪态和外表吗？如果他是一个时装模特儿，工作时光彩照人，可是等到一回家就懒散怠慢，完全不注意整理自己的形象。每当周末的时候，他会懒散地随便穿一件衬衫埋头看报纸，穿着破旧、奇臭无比的拖鞋到处闲逛，既不洗澡也不刮脸。

就这样，他还自以为是地认为非常出色、英俊，妻子能嫁给他是最大的福气。

那么，我们从妻子的角度来看看这个问题吧。她不会在意丈夫身上穿的是华丽笔挺的西服，还是粗糙破旧的工作服，她都会真诚地爱着他。但是，她却非常在意丈夫的形象，即使丈夫在家休息时，她也希望丈夫能按时洗澡刮胡子，而且穿着舒适合适的家居服。

虽然外表无法决定一个男人的地位，但是它却能改变女人对男人的看法。下面我们给予你们一些建议，请那些想要博得女人（包括自己的妻子）欢心的男人注意：

● 及时理发，不要拖延。

● 白天也要刮胡子，保持整洁的面容，除非你想要陪孩子到湖边钓鱼。

● 保持仪表的干净整洁，要知道润肤用品和香水并不是女人的专属品。

● 保持西装和裤子的笔挺，皱巴巴的衣服会让你显得更颓废丧气。

● 永远把皮鞋擦得光亮，袜子也要干净整洁，脸上要保持笑容。

(4)了解妻子的工作

现在,很多女性都走进社会,开始工作挣钱补贴家用和安排生活。随着职业女性越来越多,她们在婚前或婚后都努力地工作,并且承受了或多或少的压力。

以前她们是每天忙碌的家庭主妇,习惯于奔波在厨房、菜市场和洗衣店之间。所以,男人就应该多了解自己的妻子。丈夫必须体谅、关心自己的妻子,要知道她比你更容易受到环境的限制,她的生活并不是那么轻松,还要努力地为各种家务劳动和日常需求而操劳。

身为男人,他们至少应该明白每天做的那些家务是非常枯燥乏味的。此外,妻子还要照顾孩子,更要照顾家中生病的老人;有时,她们还要想办法安排全家的娱乐活动,让家人更快乐。她们终年辛苦地做着这些事,以至于劳累过度,而最大的动力和回报就是——渴望得到家人的幸福和赞美。

妻子需要参加社交活动并多和外界接触,以便缓解她的郁闷心情,消除因家务事枯燥而造成的无聊烦躁。而丈夫也应该多多带着妻子外出,让她们见识外面的世界,或是和别的家庭主妇进行交流。

由于男人经常外出工作,经常有机会参加各种社会活动,所以他们渴望通过休闲来获得内心的安宁。这时,就需要丈夫把自己渴望安宁的需求,和妻子渴望寻求社交活动的需求协调起来,努力实现两者的和谐平衡。

其实,想要做到这一点并不难,完全看他如何合理地安排自己的生活。

(5)支持和帮助妻子,做妻子坚实的后盾

一个朋友对我说,她曾经经历过一次小小的危机。

那一次,她最亲爱的姑妈第一次来她家做客,可是姑妈刚刚到她家不久,她的孩子就患上了支气管炎而一病不起,只能躺在床上休息。这样一来,姑妈原本制订的计划全部都泡汤了。

"如果没有汤姆的支持,"后来朋友告诉我,"我真的不知道自己该如何是好。他每天晚上都陪着葛瑞丝姑妈外出散步,让她感觉非常高兴和愉快。到了周末,他们还一起外出欣赏风景。虽然我没有时间陪伴姑妈,可是他们玩得非常高兴,这样也减轻了我的心理压力。

"虽然汤姆身上有不少缺点,可是每当我遇到困难时,他都会积极地帮助我、支持我。因为有他在身边陪伴,我感觉自己有了坚实的依靠。"

当妻子遇到麻烦时,如果身边能有一个可以让自己全身心依靠的丈夫,那么这比浪漫小说中的英雄救美还要让人感动和幸福。

因此，丈夫不仅要在关键时刻才挺身而出，更要在日常小事上给予妻子支持，帮助妻子解决那些麻烦。

在日常生活中，妻子在很多事情上都需要得到丈夫的支持。比如，在参加家长会和妇女俱乐部的各种活动时，妻子希望丈夫能够支持和鼓励自己；在参加教堂唱诗班或缝纫班的活动时，妻子同样会需要丈夫的支持；在教育孩子时，妻子需要丈夫全力配合；在参加宴会时，妻子希望得到丈夫的重视，并且希望能成为丈夫的骄傲。

妻子非常渴望丈夫能成为自己的坚实后盾，无论在什么情况下，无论发生什么事情，丈夫都会永远地陪伴她，这样她的内心才能有一种安全感。

（6）分享妻子的兴趣和爱好

婚姻生活是否成功，取决于夫妻双方是否能够分享和合作。在处理家庭问题时，夫妻双方必须尝试"你"和"我"转变成"我们"。比如，我们的家，我们的房子，以及我们要到哪里旅行，我们的椅套和电视机应该换成新的，等等诸如此类。一旦夫妻双方了解并适应自己在生活中所扮演的角色，那么，所有问题都会顺利解决。

也许有些男人认为，如果他们参与买礼物、做家务这样的事情，那么就会让他们失去男性的尊严。但是，如果他想保持家庭的幸福和睦，那么就应该先放下手中的股票，尽量帮助妻子做一些家务。

丈夫渴望妻子关心自己，为自己升职当上销售经理而高兴，那么，他为什么不懂得关心妻子呢？为什么不倾听妻子谈论一些家务事呢？或是因为她在旧货市场买到了便宜货而高兴呢？

安德烈·莫罗斯是一位著名作家，他善于洞察人情并懂得与人交往的技巧。对于男人与女人相处的技巧，他这样认为：

男人应该关注女人认为重要的东西，比如她们的穿着打扮，她们为家庭所做的贡献，她们对家人的关心，以及她们对感情和人物的看法和分析……每当男人有空闲时，不妨陪妻子逛街、购物，或是为她们解决生活上的事情。

男人应该对妻子的生活感兴趣，关心那些所谓的繁杂小事，并且多多和妻子沟通交流——比如教育孩子的经验，她所参加的社交活动，她所结交的朋友，等等。

如果妻子喜欢音乐、美术或读书，男人应该想办法去配合她的兴趣爱好。这样一来，你很快就会惊奇地发现，你对她的兴趣爱好也产生了兴趣。

（7）真诚地向妻子表达你的爱

作家维奇·鲍姆曾说："有人爱的女人，更容易获得成功。"

丈夫应该保证永远爱自己的妻子，但这不是简单的事情，像给妻子戴上结婚戒指那样简单——只要她高兴，你就应该每天都表达自己的爱意。正如梅托·德曾经说的那样："男人喜欢感觉到他被女人爱着，而女人却喜欢男人对自己表达爱意。"

有一个奇怪的现象，许多丈夫在刚刚度完蜜月之后，就会羞于向自己的妻子说"我爱你"。其实，你完全可以放松自己，即使你不能像欧洲男人那样殷勤浪漫，那也可以表达对妻子的爱意，并且让妻子感动不已。

作为女人，她们总是非常敏感并且具有独特的感知力，她们可以感受到你各种无言的爱意。比如，你可以在满屋子人群中一眼看到她；在电影院里紧握着她的手；出乎意料地给她一个热情的拥抱；温柔体贴地照顾她；等等。

然而，很多女人都迷惑不解，为什么男人在婚前总是热烈地追求她，并且深情浪漫地说"我爱你"，可是婚后却不愿意或是羞于表达自己的爱意呢？

我收到一封来自安大略省多伦多市的信件，是一位名叫杰克·F.坦蒙的年轻人写的。在信中，他承认自己犯了一个错误，没有及时表达自己的爱意。

我的妻子美丽善良，是我精心挑选的理想对象。我们结婚后，我一心忙于工作，而妻子全心全意地照顾家庭、承担家务劳动。然而，这种生活模式显然无法长期保持。

在婚后5年里，我们的婚姻并不幸福。有一天，我和妻子像往常一样争吵起来，这时4岁的儿子伤心地问我："爸爸，难道你不爱妈妈吗？我相信她是一位好妈妈。"

我突然意识到，原来自己是一个彻头彻尾的大笨蛋。其实我非常爱我的妻子，真心真意地爱着她。我既爱她这个人，也爱她为这个家庭所做的贡献。

正因为有了她全心全意地精心照顾，我们的儿子才能健康快乐地成长；正是因为有了她全身心地付出，我们这个家才能井井有条。而我，却一直没有承担起作为父亲和丈夫应该承担的责任。

我应该受到惩罚，所以我决定改变自己，并且尽力弥补自己的错误。我和妻子进行了交谈，希望她能帮助我，让我可以变成一个称职的丈夫和父亲。

感谢上帝，我们都取得了成功，我们的婚姻生活开始变得非常幸福美满，而这种生活是建立在互相关爱的基础之上的。后来，妻子又为我生了一个可爱的女儿，我们享受到了真正意义上的幸福生活。

现在，我的孩子再也没有问过那样的问题，因为他们都知道我非常爱他们和他们的妈妈。

如果你真心爱一个女人，绝不能只有火热的感情，爱还包含着很多内容，比如理解、殷勤、敏感和尊重。

可是，有些男人总是不懂如何经营婚姻，并且想要寻找"没有人能真正了解女人"这样的借口。他们顽固地坚持自己的观点，认为男人使用的是直流电，而女人使用的则是交流电，双方几乎没有沟通的可能。这样一来，他们就不用想办法讨好女人了，便可以省掉很多麻烦。

在这里，我想警告那些自以为是的男人：女人并不是来自外太空，也不是使用交流电做事的，更不是什么稀奇古怪的怪物。与男人相比，她们都是普通人，只是性别不同而已。女人并不是难以解开的谜题，很多男人都善于了解女人的心理和需要，而且他们都是结婚之后才做到的。但是，如果你真的想要了解自己的妻子，那么，最好从恋爱时开始，并且一定要让她知道你爱她。否则，你们的婚姻不可能获得幸福和快乐。

对于美国女性来说，不管你指责她有什么缺点，她都不会介意，但是你却不能批评她骄傲自大。她非常希望并且愿意改善自我，从而形成一个涵盖面非常广泛的咨询市场。

在这个咨询市场中，有人会指导她如何改善自己。比如，指导她如何吸引男人，如何挑选丈夫，如何经营婚姻，如何养育教育孩子，如何把家务整理得井井有条。

如果她还能抽出10分钟空闲时间，她还想咨询一下在闲暇时间应该做些什么。她不仅要去听演讲，参加各种自我完善的课程，还要订阅各种有利于改善自己的刊物，以便让自己的生活变得更有意义。此外，还要说明一点，90%的广告产品都是针对这种愿意改善自我的女人的。

我们再来看看美国男性吧。这些男人通常也会积极参加各种自我完善的课程，但是课程的范围仅仅局限于如何多赚一些钱，如何在工作中提升自己，如何成为更卓越的人物。至于如何经营婚姻以及处理与家人的关系，他们认为只是维持原状就可以了。

他们通常很少订阅报刊，也很少去听演讲，也不关心怎样才能吸引妻子的注意力，或是维持与她的长久爱情。在他们看来，改善夫妻关系、增进夫妻感情这些小事都是女人应该做的事，他们永远都不会考虑如何适应妻子的个性和爱好，永远只想着让女人来适应他们自己。

通常男人会这样解释："我们的责任是工作赚钱、养家糊口，还必须要把全部时间和精力放在提升事业上，而不是如何更好地扮演丈夫的角色。"

然而，不管是男人还是女人都应该明白这个道理：婚姻并不能只依靠金钱来维持，保证家人丰衣足食只是男人责任的开始，而不是全部。最重要的是，美好的婚姻生活并不完全局限于衣食无忧。

几年前，米尔斯学院院长利恩·怀特写作了一本非常不错的书——《教育我们的女儿》。在书中，他批评了学校教育中的体制缺陷，他还认为应该将女人教育和男人教育区分开来。

他提出，在学校的课程安排中，应该增加一些适合女性实际需要的内容。换句话说，他认为教育不能脱离现实生活，应该教授女人如何成为一名好妻子和好母亲，毕竟大多数女人终有一天要成为妻子和母亲的。

这个提议确实收到了不错的效果，但这并不是能使女人婚姻幸福的唯一样板。我们将女儿教育成一个理想的好妻子和好母亲，可她们的丈夫却是那些只知道工作赚钱的男人，那么这又有什么意义呢？为什么不为自己的女儿选择一个经验丰富，并且懂得如何成为一个好丈夫和好父亲的男人呢？

法国伟大的作家巴尔扎克曾这样写道："大多数已婚男人都会让我想起那些'想拉小提琴的大猩猩'。"

如果我们把婚姻当成是男女双方都需要努力经营的事，那么，我们就会知道婚姻的真谛——那些已婚男人也不会如同大猩猩一般愚蠢了。

自古以来，"家"就是人类的基本单位，它不仅能让人对未来充满希望，创造美好的生活，还可以保护、滋养和教导人类。家，其实就是一座神圣的城堡。

虽然女人在家里生活的时间比男人多很多，但是这并不意味着男人就不需要家。家不仅仅是一个物质概念，它还包含了很多精神方面的含义，比如温暖、分享、欢笑、眼泪、幸福、关爱、理解和忧伤等。正是因为具有这些精神含义，家才更有意义和价值。

显然，如果只靠女人的努力是无法创造这一切的，只有男女双方共同携手、相互支持，才能创造真正意义上的家。

所以，我真诚地告诫那些男人，应该给妻子一个机会，并且好好地反思一下，如何才能更好地扮演"丈夫"和"父亲"这个特殊的双重角色。男人不仅仅是赚钱养家这么简单，而是应该真心地用自己的聪明才智和精力，来好好地经营自己的家庭。

大卫·R.梅斯是德鲁大学人际关系教授，也是国际婚姻指导委员会主席，他曾经说："婚姻是我们是否成熟的最好试金石，如果你不想关心别人，任何人都可以单独生活。但是，如果你想要和另一个人亲密地共同生活，那么就必须具备关爱他人的能力——这是一个人成熟的最主要标志。婚姻有两种结果：或者让我们变得成熟，或者让我们承受不成熟的苦果。"

10. 如何与丈夫相处

奥格登·纳屈尔是我最喜欢的一位作家,他写作了《献给女婴之父的颂歌》一书,讲述了一个身为可爱女孩的父亲的感慨:在世界的某个角落,有一个男婴正在慢慢长大,长大成人后娶走了他最可爱的女儿。

我相信,大多数有可爱女儿的父亲,都会和纳屈尔有同样的感想,那我们就应该勇敢地面对它。但是对于一个女人来说,与一辈子容忍男人的任性相比,没有男人让她容忍则是最可悲的事情。

为什么要这样说呢?要知道,这个世界上有一半以上都是男人,所以,如何与男人相处,则是每个女人都无法避免的问题。

女人在整个人生中要接触无数的男人,比如丈夫、父亲、儿子、女婿,或者是老板、客户、朋友、追求者或是色情狂,还有医生、律师、军人、职员,以及屠夫、面包师和工人,等等。

既然男人和女人在个性、生理、爱好以及性情上都存在很大的差异，所以，我们也不得不接受这个事实。作为女人更应该懂得如何与男人相处，这对于女人来说是利大于弊的。

那么，男人希望女人可以为他带来什么？

当然是舒适！

或许你会认为，这个答案是从那些只知道玩闹享受、落伍又呆板的花花公子那里获得的——错了，这个答案是从真正的军人那里获得的。

第二次世界大战结束时，有人曾经针对这个问题进行了一次问卷调查，调查对象则是那些继续留在军中服役的男人。其中有一个问题是："你希望婚姻生活给你带来什么？"出乎意料的是，几乎所有人的答案都只有一个，不是心神荡漾，也不是神秘浪漫，更不是什么刺激和兴奋，而是一种舒适的感觉！

这个答案也许会让那些盲目地追求性感、成熟，并且迷恋品牌化妆品和香水的女人失望至极。但是，既然男人只想要舒适的感觉，那么，女人为什么不给他们舒适呢？显然，对男人来说，一盎司的舒适比一磅的性感更有价值、更吸引人。

不过，男人梦寐以求的舒适究竟是什么呢？是一个让他全身心放松的女人，还是一个知书达理的贤惠女子，或者是像玛丽莲·梦露一样性感的女人呢?

一些女人参加了某项课程训练,并且根据她们与男人相处的经历,之后经过讨论而总结出几点非常重要的规则,这些规则是指导女人如何与男人相处最有效、最有价值的法则:

1. 要有一个好性情

家庭问题专家陶乐丝·迪克斯曾说:**"要有一个好性情是男人选择女人最重要的标准。"** 如果一个女人想和男人愉快地相处,那么就应该培养一个好性情,而不必太在意自己的过失。不管这个男人是她的丈夫、她的老板,还是一个普通客人,或者只是她只有3个月的儿子,因为男人宁愿在愉快的氛围下吃罐装青豆,也不愿意在一个愁容满面、喋喋不休的女人面前享受美味牛排。

一个单身汉曾经坦白地说:"如果给我一个机会选择,我宁愿选择一个快乐温柔、性情温和的丑陋女人,也绝对不会选择一个愁眉苦脸、性情暴躁的美丽女人。"

我曾经雇用过一个女职员,负责帮我速记打字。

如果仅从职业技能来说,她并不是一个合格的职员,因为她拼写能力很差,打字速度也很慢,而且经常会犯错误。但是我却一直没有辞退她,甚至一直让她干到结婚和退休,这完全是因为她具有一个快乐天使般的好性情。

她从来不会拒绝别人的牢骚、抱怨和批评，就像是阳光一样，温暖着整个办公室里的职员。只要有她在，我们就会感到快乐，所以即使她不做任何事情，我也愿意付给她薪水。

我不知道她是否有很好的做饭手艺，还是和速记打字一样糟糕，但是我经常看到她和丈夫幸福快乐地在一起。每当丈夫看着她时，脸上总是洋溢着幸福的光彩。显然，他并不在意她是否具有较好的手艺，能不能做一手好饭菜。

2. 做一个好伴侣

纽约《世界电报》曾经为美国高尔夫球公开赛冠军杰克·弗里克开过一个专栏，让他讲述自己的故事和经历。在文章中，他介绍了自己是如何克服不利局势取得公开赛冠军，并且获得艾奥瓦州达文波特两个市立高尔夫球场特许经营权的。

当时，杰克遇到了一个很大的考验，他既要获得球场的特许经营权，又必须加紧比赛训练。幸运的是，他得到了妻子玛丽·伯恩斯泰的全力支持，而玛丽也总是给他带来好运气。

慢慢地，玛丽成了杰克事业上最得力的帮手，这让他可以专心训练。

1952年,杰克一家开始奔波于全国各地。玛丽专心照顾只有13个月大的儿子克瑞罗,而杰克则积极参加各地的巡回公开赛。杰克说:"我从来都不愿意让玛丽跟我一起进赛场,你们看到过邮差带着妻子去送信吗?"

虽然妻子并没有积极参与到丈夫最喜爱的球赛事业之中,但她总是在他附近陪伴,让他没有后顾之忧。像这样全心全意支持丈夫的女人,才是男人真正需要的好伴侣。

下面还有一个类似的故事,说明了好伴侣的重要性。

弗洛伦斯·梅纳德生活在纽约州北部的一个小镇,她只是一个普通的家庭主妇。她和丈夫已经结婚16年了,在过去的婚姻生活中,她只会做一些简单的家务。所以,她总觉得自己的生活似乎缺少了什么东西。

后来,她终于明白了,夫妻之间应该具有伴侣的亲情。然而,梅纳德夫妇几乎没有共同的兴趣爱好,于是梅纳德决定改变自己,改变现在的生活状态。

我丈夫一生最大的爱好就是职业曲棍球,所以,我首先要培养自己这方面的兴趣。当我了解了更多的曲棍球知识后,也开始喜欢上了这项运动。

从此之后,我和丈夫一起满怀热情地现场观看曲棍球比赛,还经常看曲棍球比赛的电视转播。我不仅发现这是一项令人感兴趣的运动，而且还觉得自己的生活更充实、更有意义了。

因此，我领悟了一个道理，陪丈夫欣赏这项运动不仅可以增进夫妻感情，而且还可以充实自己的生活——我再也不会一个人百无聊赖地待在家中了。

除了曲棍球之外，我现在又找到了一些感兴趣的事情，这样一来，我又可以和丈夫一起分享快乐了。

3. 善于倾听

几乎所有的男人都会抱怨女人的话太多，总是不停地唠叨。也就是说，他们认为女人抢走了他们说话的机会。

许多女人有一个认知误区，她们认为倾听男人说话就是默默地坐在那里，耐心地听他们说话。其实，善于倾听的人懂得适时表现出积极的态度。如果你是一个善于倾听的人，就应该在适当的时候参与到谈话之中。

倾听别人谈话，最重要的就是集中精力，眼睛不能飘忽不定、四处张望，或精神紧张、坐立不安。如果你真能做到集中精神，可能会学到许多东西。

倾听别人说话时，应该尽量放松表情，而且要随着对方所说的内容而进行变化——没人喜欢一个面无表情的听众，和这样的人交谈会让说话的人感到万分扫兴；对于舞台导演来说，最困难的工作就是训练演员如何演绎好善于倾听的形象。

如果你想成为一个善于倾听的人，就应该努力训练自己的表情。所以说，成功的倾听者懂得如何集中精神和积极配合。

以前有一个有趣的说法：一个女人如果想要赢取男人的欢心，只需要做一件简单的小事就可以了——如果男人正在介绍自己某次成功的生意，女人只要用仰慕的眼光专注地看着他，并且适时地说上一句："你太厉害了！天啊，你简直是一位天才！"女人表现得越笨拙，男人就会越喜欢她。

不过，现在这种情况发生了变化。

现在许多女人在生活和事业中也取得了成功，她们不再是单纯的小女孩，而是变成了精明能干的女强人。而男人们也比以前更加成熟，他们能够轻易地分辨出谁是真正懂得倾听的女人，谁又是故意装傻奉承他的女人。

所以，女人应该记住：如果你想赢得一个男人的欢心，而这个男人又需要真正懂得倾听的女人，那么就不要再玩"假装倾听"那一套老把戏了。

这时，最好的沟通办法就是适时地加入交谈之中，提出一些有价值的问题，这样不仅证明你正在听他说话，而且还会激起他交谈的兴趣。有时候，你还可以偶尔提出不同的见解。如果你不同意他的见解，并且对这个话题颇有研究的话，不妨在适当的时机提出来。但是一定要注意：你的意见一定要简洁，然后再让他主导你们之间的谈话。

这样一来，你们之间的谈话就不再是单调的独白，而是一种积极愉快的双向沟通。然而，大多数人都不是合格的倾听者，因为他们经常忽视或是根本不知道交谈的规则。不过，这些能力都是可以通过练习而加强的。

女人一旦掌握了倾听的艺术，就会与男人相处得更加愉快，进而获得良好的人际关系。这也会促进女人走向成熟——这正是获得成熟的途径之一。

4. 学会适应男人

也许我们看到过这种情景：

丈夫说："今天晚上，我们邀请吉米和玛贝尔来家里做客吧，我们很长时间没有见到吉米了。"

妻子回答说："好的，不过我们最好也邀请海伦和汤姆，因为他们已经邀请过我们两次了。"

过了一会儿，妻子却这样说："噢，上帝啊！海伦的妹妹和她一起住，我们必须找一个男宾来陪她。你马上去熟食店多买一些啤酒和乳酪脆饼，我负责打电话邀请他们，再打扫打扫屋子，然后化妆、换衣服。不过我化妆打扮的时候，你最好拿吸尘器把地毯清理干净。"

这时，丈夫真希望自己没有提那个建议。他原本只想邀请一两个朋友来聊聊天，没想到却要招呼那么多客人。

男人时常会感到迷惑不解，女人为什么不会因为一时兴起而去做某件事情？除非她想给自己买一顶帽子。他们还弄不明白很多事情，比如只是去看一场戏，为什么女人要花几个星期的时间去做准备？当他临时提议去乡下度周末时，为什么女人会抱怨没有合适的衣服？

很多女人喜欢按计划办事，并且要提前充分地准备，所以，她们非常讨厌男人的一时兴起。但是，偶尔的一时兴起，或是做出"好的，我们……"而不是"好的，但是……"的回答，也不会有任何坏的影响。

我认识一位婚姻幸福的女性，她的丈夫很喜欢旅游。

丈夫经常一时兴起决定去旅游，而妻子早已经习惯了他的做法。当看到一份旅游广告后，他就会给妻子打电话："亲爱的，你马上收拾好行李，明天早上我们要去洛杉矶旅行。"

这时，妻子很快就会收拾好放了泳装的行李箱，把她的小鹦鹉托给邻居照顾，然后推掉所有约会，等着第二天早上与丈夫一起前往洛杉矶。她还会说："这没什么了不起的，任何一个女人，只要稍加训练就可以做到这一点。"

在我年轻的时候，流行着这样一种风气：如果一个女孩子直到最后时刻才获得男孩子的邀请，那么她就会被认为是最不吸引男孩子的。

也许最难约的女孩子可能会得到一个好名声，但是，同时她也会失去很多乐趣。不过，如果那个男孩子并没有第一个邀请你，你应该怎么办呢？

其实，这也给了你一个极好的机会，你可以向男孩子证明，他这一次的选择才是最正确的。

女人要学会适应男人的心情，这是她们赢得男人青睐的最有效的办法。

当男人突然产生一个想法时，他喜欢马上去实现它。如果女人不能适应男人的一时兴起，那么就会让他们感到非常气愤。女人只有更早地学会适应男人的情绪，才能更好地与男人相处。

5. 精明能干但不失女人味

一位女学员，有一次她在课上说："我就是因为太能干了，所以才失去了一个出色的男人。"

这个女学员在某公司担任主管，主要职责就是制订计划、管理员工，她的工作做得非常出色。但是在社交场合，她却并没有那么一帆风顺。

她对我说："在生活中我也非常能干，下雨时我男朋友还没来得及打开雨伞,我就已经叫好了出租车;当我们等电梯时,我总是比他早一步按下电梯按钮;当我们共进晚餐时,我总是建议他不要吃肝脏和熏肉,以防他患上高血压;我从来不给他机会帮我拉开椅子或是为我脱下外套、穿上鞋子。正是因为我能干,并且是太能干了,所以他才离开了我,这一切都是我自己造成的。"

现在,职业女性简直是太可怜了。她们为了赢得男人的青睐,不仅要追求事业的成功和个性的独立,还要时刻提醒自己要成为一个富有女人味的女人。

可是,现在的男人已经被宠坏了,他们不仅希望女人要有女人味,更要有聪明的头脑来发现他的优点——如果可能的话,他们还希望女人可以帮助自己赚钱养家。

让你喜欢的男人青睐你,并且让他认为你就是他梦寐以求的伴侣,这并不是非常困难的事情。

其实,这一点非常简单,你只须注意做到这一点:当你工作时,要充分展现你的能力和才华,争取获得老板的赏识;回到家之后,要让和你约会的男人见识你的女性魅力,让他知道你是一个富有女人味的人。

海伦是一个精明能干的女强人,和前面提到的那个女学员一样,她也因此而失去了自己喜欢的男人。

多年前，海伦认识了一个年轻出色的男子，他们经常一起约会。

在那段时间里，海伦对当地的政治产生了浓厚的兴趣，所以，经常在空闲时间参加政治活动，经常帮助别人竞选或是参加各种集会。在两人约会时，海伦也总是兴致勃勃地和男友谈论关于政治的话题，比如某某法官说了什么，或行政管理上存在什么问题，等等。

后来，男友终于忍无可忍地大声吼道："你原来只是一个可爱的女孩子，可是现在你却成了一份活的竞选宣传单。如果我需要知道政治或哲学方面的知识，我会写信给国会议员的，而现在我最需要的是一位让我能够愉快度过夜晚的好女人。"

最后，男友终于和海伦分手了，娶了一个美丽动人的金发女郎。这个女人不仅可以把家务料理得井井有条，而且还是一个富有女性魅力的女人。

6. 做真正的自己

这里有一个令人感到滑稽可笑的情形：一个年纪较大的女人穿着少妇的服饰，还戴着夸张的假发，穿着一双3英寸的高跟鞋，戴着明显夸张的假乳在大街上冒冒失失地奔走着。不管哪个男人看到这种情形，都会忍不住笑出声来。

不过最悲哀的是，绝大部分女人都不愿意承认自己已经变老了。她们通常固执地认为，女人的魅力完全在于青春年轻，只要自己肯努力，没有人会发现她已经超过了39岁。

如果一个女人早已经失去了性感和魅力，却依然妩媚做作地向男人大献殷勤时，确实会让人感到恶心不已。

除此之外，还有一些平常非常文静优雅的女孩子，会突发奇想地做一些奇怪的动作或是超常规的怪诞举动，来显示自己的活泼开朗、不拘小节。

其实，这些恰好相反，男人并没有她们想象得那么愚蠢，他们非常清楚如何判断一个女孩子的个性和喜好。

还有许多自以为是的女人，她们通常会错误地认为女人可以通过打扮来改变性格，并且让男人迷上自己。

然而，天性才是吸引人的，既然上帝赐予我们这样的性格，又没有什么害处，为什么要掩饰自己的真实性情呢？

我们需要做的就是剥去自己的伪装，恢复自己的本性。我们只要发挥自己的个性，克服自己不可爱的缺点，就可以让自己达到最佳状态。不管是男人还是女人，只要我们肯努力就可以做到这一点。

7. 享受做女人的乐趣

有人曾经提出一个观点，那就是两性之间一直存在着战争。

其实，这个观点有些危言耸听，一定是争强好胜者提出的。我一直感到迷惑，为什么男女之间的性别差异会造成他们彼此之间的战争呢？在我看来，生活中很多事情更值得去斗争。

如果一个女人把所有的男人都视为敌人，那么她一定是受到了男人的欺骗或是利用，所以，她的这种心理几乎没有可能再获得男人的青睐。对此她或许不会在乎，甚至说："反正我恨男人。"

如果女人想要和男人建立和谐关系，首先，必须愿意接受作为一个母亲的角色。她们应该认识到，母亲在人类社会中是一个非常特殊的角色，并且要了解女性本身的基本作用。

而那些拒绝接受母亲角色的女人，并不仅仅局限于那些未婚的"老姑娘"，还包括很多已婚女性。她们总是抱怨"身为女人，比男人地位低""上帝总是太偏心，不公平地对待女人"等，而这正是引起两性战争的主要原因之一。

一个人是否能坦然地接受自己的性别角色，与是否结婚并没有太大关系。如果一个人态度端正、感情成熟，自然就会坦然地接受自己了。

相反，如果一个人无法接受这种基本思想，那么婚姻就不会获得幸福，自然就会发生两性战争。

对于如何与男人相处,我们很难总结出一个正确的公式,因为人们之间的性格存在着很大的差异。但是,我们上面提出的意见,至少可以让你更深刻地了解男人。

在我们理想的世界中,男人和女人永远不会成为敌人,而是应该携手并进、相互关爱、相互支持,并且永远爱着对方。

所以,如果你想要获得幸福的婚姻,那么就请记住这一项原则:学会如何与你的丈夫相处。

11. 让你的爱更有深度

爱是一种宝贵的食粮,我们的精神依靠它的滋润才能生存和成长。如果没有爱,我们的道德就会扭曲变质。

艾西尔·H.怀斯先生是纽约市少年家庭董事会秘书,也是著名的社会工作专家。有一次,他在麻省社会工作讨论会上提出了一个观点:"小孩子缺乏别人的关爱,这是少年犯罪的最主要原因之一。"

我认为这种说法非常正确。艾尔·雷诺在俄克拉荷马州建立了一所联邦少年感化院，我曾经为那里的少年犯讲授了关于人际关系的课程。

渴望得到关爱，这是那些少年犯普遍存在的问题。有一个男孩说："我的母亲从来不给我写信。后来我主动写信给母亲，告诉她我正在学习一些有用的东西，我已经长高了很多，并且外貌也改变了很多。不久，母亲终于给我写了回信，可是她却告诉我：监狱是我最适合待的地方。"

另一个19岁的男孩汤米，他在孤儿院、监狱和感化院生活了十多年的时间。他对我说："我们最需要的就是别人的关爱，但是从来没有人愿意爱我。在16岁之前，我从没有收到过一件圣诞礼物。"

毫无疑问，这些孩子在情感上严重缺乏别人的关爱和同情，所以，他们开始以犯罪弥补这种爱的缺陷。就像一个饥饿难耐的人，当他找不到美味的食物时，明知道手上的东西对身体有害也会毫不犹豫地吃下去。

所以说，爱是最好的精神食粮，我们的精神必须靠它才能生存和成长。如果缺乏爱，我们的道德就会扭曲变质。正如心理学家沃尔波特所说："一个普通人说过最正确的话，就是他从来没有意识到自己的爱或别人给予他的爱，已经让他感到非常满足了。"

爱在人类社会的作用非常大，其潜力就如同原子能一般巨大。爱情能够产生奇迹，而且这种奇迹每天都在发生。你给你丈夫的爱，是让他获得成功的最大原动力。因为，如果你真心爱他，就会心甘情愿并且竭尽所能地去做每一件事，以便让他快乐和成功。

你给丈夫的爱，同样会影响你们孩子的幸福。

保罗·柏派诺博士在全国教师家长联谊会中说："在教师家长联谊会中，如果我们不谈论那些小孩子的事情，而是只讨论怎样让每对夫妻更加恩爱，这也许让孩子们感到更加幸福。"

那么，我们应该如何做才能提升爱情的深度呢？我们不妨来看下面的一些建议：

1. 每天都要表达你的爱

许多女人在碰到危机和困难时，都可以应付自如。可是，她却经常忽视给丈夫最渴望的爱情和面包。

如果她的丈夫失业了、得了结核病或是被关进监狱里，她都能坚强地支撑下去，帮助丈夫渡过难关。但是，当生活恢复正常并且一切顺利时，她就会忘记告诉自己的丈夫，他在她的心目中是非常重要的。

绝大多数女人都认为，她们应该被人爱护、享受别人的甜言蜜语。我经常看到一些妻子抱怨自己的丈夫忽视她们，或是不知道赞美她们。其实，她们往往也忽视了关爱自己的丈夫,并且吝啬于赞美他们。

她们总是挑剔和指责丈夫的错误,抱怨丈夫不关注自己。正如威廉·伯林吉尔博士所说的那样:**"有些人太爱自己了,她们愿意分给别人的爱实在太少。"**也就是说,如果女人能够体贴地关爱自己的丈夫,那么她也能从丈夫那里获得最多的关注。

陶乐丝·迪克斯说:"妻子总是不断地抱怨,她的丈夫把自己的存在当成是理所当然的事情。她们抱怨丈夫从来不赞美自己,或从不关注她们身上穿的漂亮衣服,或从不明确地表达对她们的关爱。

"但是,这些女人同样忽略了一个事实,那就是她们同样冷淡地对待自己的丈夫。她们感到非常奇怪,为什么自己的丈夫愿意追求别的女人,而这些女人只是懂得称赞他英俊、雄伟、健壮而已。渴望爱情并不是女人的特权,男人也会渴望女人的爱。"

曾经有人做过这样一个比喻,说夫妻间爱情的冷淡就是精神食粮的缺乏。这是一个非常恰当的比喻。因为面包并不是男人活下去的唯一食粮,有时候,他也需要一块爱的蛋糕——最好上面还能增加一些蜜糖。

2. 培养一种好心情,不妨看开一点

责任心强的妻子,通常会是一个完美主义者,比如晚餐必须做得美味可口,家里必须打扫得一尘不染。她们通常过分注重琐碎小事,而忽略了重要的事情。

当事情发生的时候,不妨看开一些,保持一种好心情,而不要让一些小事打乱你的生活,这样一来,夫妻之间的爱情才能长久保持。

我的朋友乔治·吉恩·纳杉在谈到如何提升爱情的深度时,这样说:"根据以往的经验,我发现爱情和整理完美的家通常是无法并存的。当我看到一个妻子把家务整理得一尘不染时,通常我会发现,他们夫妻之间的爱情已经达到了冰点,就像是他们机械化的环境一样。一个真挚而热烈地爱着自己丈夫的女人,从来都不可能是一个完美的家庭主妇。"

听了这些话,我们立刻可以想到纳杉先生可能是一个单身汉。但是,他所说的话却值得女人的深思,尤其是那些只关注细小琐事,而忽略了重要事情的妻子。

3. 要有宽大的胸怀

爱情就是给予,要给得丰富和慷慨。在生活中,大多数妻子愿意在很多事情上为丈夫牺牲,但是却时常在很多小事上缺乏宽容和理解。比如,她们嫉妒丈夫以前的女朋友。

如果丈夫无意间提到他今天遇到了过去的女友,而你这样问他："那个女孩子是不是还梳着辫子，说话还很不成熟？"这样的话，你就太不包容、太不慷慨了。你应该用宽大的胸怀去赞美她的优点，那么，你的丈夫就会更加欣赏你。

我父亲和母亲结婚之前，曾经和一位美丽迷人的金发女孩订过婚。我记得我母亲经常赞美那个女孩子非常美丽并且有好人缘，这时我父亲总是不好意思地微笑，并且装作若无其事的样子。

其实，在我父亲看来，我母亲比那个女孩子漂亮，而母亲也知道这一点。但是她也知道，如果自己能够赞赏父亲的眼光，那么就会让父亲感到高兴并自豪。

4. 不要忘记对丈夫表示谢意

男人在结婚以后，非常渴望听到妻子的感谢。即便是他带妻子到电影院看一场电影，或送给妻子喜爱的鲜花，甚至只是每天早晨帮妻子倒一次垃圾……

如果他所做的每件事情都被妻子看成是理所当然的，并且从来不会表达感谢，那么，丈夫很快就不愿意取悦自己的妻子了。

5. 彼此谅解和体贴对方

在婚姻生活中，夫妻双方要相互体贴和谅解，还要为对方着想。当丈夫想要靠着沙发上休息一会儿时，妻子却想要出门逛街，这种行为非常不可取。

真心关爱丈夫的妻子，应该先了解丈夫忙碌一整天后的真正需要，然后再考虑自己的需求。在几十年的婚姻中，妻子总是慷慨地关爱体贴丈夫，难道丈夫不懂得感谢吗？我相信每位丈夫一定会心怀感激的。

我曾经认识一个非常完美的妻子，她因为体贴和理解而获得了丈夫的敬爱。现在，我书桌上放着一封信，是华伟克·C.安格斯写给我的：

或许是因为我娶了这个女孩子，所以我觉得比绝大多数男人都幸福。我所能给她的最大赞美，就是对她说："如果我能够回到32年前，并且知道现在发生的事情，我仍然愿意选择你作为我的妻子——只要你还愿意再嫁给我！"

我之所以取得了今天的成就，完全是因为这位可爱的妻子。

如果没有爱情，事业的成功又有什么意义呢？

如果一个人的人生缺乏爱情，那么财富和权势就像废物和灰烬一样毫无价值。如果你的丈夫可以从你真挚的爱情中获得幸福和快乐，那么他将给你带来更高水准的生活，以及更加美满幸福的婚姻。

PART 2

HOW TO WIN PEOPLE TO YOUR WAY OF THINKING

第二章
如何让别人赞同你

1. 争论中没有赢家

第二次世界大战结束后不久,有一天晚上,我在伦敦遇到的一件事,让我获得了一次宝贵的经验。

当时,我担任澳大利亚飞行家罗斯·史密斯的经理人。在战争期间,他曾代表澳大利亚在巴勒斯坦执行飞行任务。战争刚刚结束后,史密斯就花费30天的时间,绕着地球飞行了半周。

这件事轰动了世界,为了表彰他的壮举,澳大利亚政府颁给他5万澳元奖金,而英国女王则授予了他爵士爵位。

一天晚上,我参加了为史密斯爵士举办的欢迎宴会,并遇到了一位十分健谈的客人。他很有幽默感,为大家讲了一个十分有趣的故事,并且还运用了一句俗语。

那位客人非常肯定地表示,这句话出自《圣经》。可是,我知道他说错了,因为我清楚地记得那句话并不是出自《圣经》,而是出自莎士比亚的作品。为了满足自己的存在感，并且凸显出自己的博学，当时我毫无顾忌地纠正了他的错误。

可是，那位客人却坚持自己的观点，他反驳道："你说什么？那句话绝对出自《圣经》，不可能出自莎士比亚，绝对不可能的。"

这时，我想起了我的老朋友弗兰克·克蒙德就坐在我左边。

克蒙德是研究莎士比亚的专家，花费多年时间研究其作品。于是，我们决定让他来判定谁对谁错。

克蒙德静静地听着，悄悄地在桌下用脚踢了我一下，然后说："戴尔，这次你错了。这位先生说得正确，那句话是出自《圣经》。"

宴会结束后，我问克蒙德："你明明知道那句话出自莎士比亚，可是为什么说我错了？"

克蒙德回答说："是的，你说得正确，那句话确实出自莎士比亚，而且我还知道它出自《哈姆雷特》的第五幕第二场。可是戴尔，你应该知道，我们只是宴会上的客人，为什么非要证明自己的正确，指责他人的错误呢？这样做别人怎么会喜欢你，怎么会对你有好感？为什么不给他人留一点面子呢？

"其实，他并没有征求你的意见，也不需要征求你的意见，你为什么非要和他争辩呢？最后，戴尔，你应该记住,永远要避免正面冲突,这才是正确的做法。"

"永远避免正面冲突!" 这句话让我铭记在心。后来,虽然我的朋友克蒙德已经去世了,可是他给我的教诲却让我难以忘怀,这句话也对我的人生产生了极大的影响。

原本,我是一个固执的人。童年时期,我喜欢和兄弟们争辩;进入大学后,我喜欢研究逻辑和辩论,经常参加各种辩论赛;后来,我在纽约教授别人辩论的技巧,甚至还计划写一部关于辩论的书——可是,现在我却为此感到羞愧。

从那时开始,我开始去参与自己所喜欢的任何辩论,并且仔细注意后续的事情。因此,我得出了一个结论:世界上只有一个办法可以获得辩论的最大胜利,那就是尽量避免去辩论。这的确是一条真理,我们应该尽量避免辩论,就像避开毒蛇和地震一样。

大多数辩论的结果,有90%的机会会使那些参加辩论的人更加固执己见。他们相信自己是绝对正确的,绝对不可能出错。

如果你在辩论中输了,那么你就真的失败了;可是即便你获胜了,你也遭遇了失败。这是因为,如果你辩论胜了对方,将对方反驳得体无完肤,让他意识到了自己的错误,可是结果又会怎么样呢?

当然，你很高兴，可是你想到对方的感受了吗？你的指责会让他感到自卑，伤害了他的自尊，也可能会激起对方心中的抱怨和不满。

我们应该记住，当人们坚持自己的意见时，即便表面上被说服，他仍会固执己见——那是因为，人类的思想不会轻易地改变。

巴恩互助人寿保险公司有一条严格的规定，那就是员工决不能和顾客争辩。一个真正成功的推销员，决不会和自己的顾客争辩，即使是最小的争辩也一定会避免。

这里有这样一个例子：几年前，培训班里有一个喜欢争辩的爱尔兰人，人们都叫他"爱争辩"的欧·亨利。

虽然他没有接受过很好的教育，可是却喜欢挑剔别人，甚至和别人吵架打斗。以前，他做过司机，后来改行做了汽车推销员。可是，他的业绩很不好，所以才来参加我的演讲培训班。

经过了解我才知道，在推销汽车的过程中，他经常和客户争辩，甚至因为受到客户的挑剔而与客户争吵。他对我说："我十分不服气，他凭什么批评我的服务。我才教训那家伙几句，他就拒绝买我的车了，真是太气人了！"

对于欧·亨利这样的学员，我开始并不是教他如何说话，而是教他如何少说话，最重要的一点，就是让他避免和人争论。

经过一段时间的培训,欧·亨利彻底改变了自己的处事方式,现在他已是怀特汽车公司业绩最好的推销员。

欧·亨利是如何做到的呢?他是这样描述的:

当我走进客户的办公室时,客户可能会说:"怀特汽车的质量太不好了,你就是送给我,我也不会要的,我已经准备买胡雪公司的卡车了。"

听完客户这样说,我不再像以往一样大声反驳,反而顺着他的口气说:"老兄,你说得不错,胡雪公司的卡车真的很好,如果你购买他们的汽车,一定是不错的选择。胡雪公司是著名品牌,他们的推销员也很专业。"

客户听我这样说,即便想要争论也没有话说了。这样,我就找到了一个机会,开始向他介绍怀特汽车的优点。

如果在以前,我肯定马上火冒三丈,直接反驳他说胡雪汽车有哪些缺点,有哪些不好……这样一来,争论就不可避免了。

可是,我拜访他的目的并不是为了争论,也不是说哪家公司的汽车不好——争论并不能解决问题,反而会让对方更加愤怒,于是下决心不买我的汽车。

现在想一想,我真不知道自己以前是怎样推销的,争论让我失去了无数宝贵的时间和金钱。而如今,我学会了如何避免争论,少说话,这让我获得了更多的业绩。

正如老富兰克林所说:"如果你辩论、反驳,或许你会得到胜利,可是那胜利是短暂、空虚的……你永远得不到对方对你的好感。"不妨仔细想一想,你究竟是想要获得空虚的胜利,还是要得到别人的好感?而这两者几乎很少可以同时得到。

在争论中也许你是正确的,但是如果想用争论的方式来让对方改变,那你就大错特错了,因为对方根本不吃你这一套,这样做没有任何效果。

在美国前总统威尔逊执政期间,威廉·麦肯锡被任命为财政部长,根据多年的从政经验,他总结出一句话:"只靠辩论无法让无知的人心服口服。"

麦肯锡这句话说得太保守了。根据多年的辩论经验,我相信辩论不仅无法让无知的人服气,不管对方拥有什么样的知识和智商,你都无法依靠辩论来改变他的想法。

我们来看下面的例子:

针对一笔9000美元的账目问题,税收顾问帕斯与一位税收稽查员发生了激烈的争论。两个人针锋相对,争论了一个多小时。帕斯指出:"这是一笔永远无法收回的呆账,所以不应该再征收人家的所得税。"稽查员却不这么认为,他说:"呆账?这不是呆账,我认为他们必须缴税。"

后来，帕斯跟我说："这个稽查员是一个自以为是、傲慢的家伙，和这样的人讲理，简直就是白费口舌。我越是和他争辩，他就越是固执，所以我决定改变方式，不再与他争论，反而赞赏了他几句。"

当时，帕斯心平气和地说："对于你来说，这个问题确实是一件很小的事，因为你以前处理过很多这样的问题。虽然我研究过税务制度，可是那些都是书本上获得的知识，而你所知道的都是根据自己的亲身经验所得。我和你一起工作，感觉自己获益良多。"

帕斯真诚地夸奖对方，所有的话都是发自内心的。

听了这些话，那位稽查员在座椅上挺直了腰，然后开始谈论他的工作经验，以及他办理的很多舞弊案件。他的语气逐渐平和下来，还谈到了自己的孩子。

分别时，他真诚地对帕斯说："我会认真考虑这个问题，然后过几天再给你答复。"

三天后，那位稽查员再次来找帕斯，表示那笔税已经按照税目办理，不再征收所得税了。

从这位稽查员身上，我们看到了一种最常见到的人性弱点：他需要的是被人尊重，想要获得一种重视感。

当帕斯和他争辩时，他就显示了自己该有的权威，以便获得自己渴望的重视感。一旦别人让他感觉到了自己的重要性，承认了他的权威性，那么争论自然就停止了。

这时，他的"自我"已经得到满足，这让他变成了一个和善、善于沟通的人。

拿破仑的管家康斯坦经常和约瑟芬打桌球游戏，在他所写的《拿破仑私生活回忆录》中，有这样一段描写："我知道自己的球艺很好，可是我总是千方百计地让约瑟芬取得胜利，这样她才会更加高兴。"

所以，我们应该让其他人胜过我们，包括顾客、爱人、丈夫或者是妻子，即便是最小的事情也是如此。

争论不可能消除误会，那么我们应该如何对待不同意见和看法呢？我们应该改变自己为人处世的方式，依靠技巧、协调、宽容以及同情来消除争议。

一次偶然的机会，林肯看到一位青年军官正在和同事吵架，他严厉地批评道："一个成就大事的人，不能处处与别人计较，浪费自己的时间和别人争论。

"无谓的争论，不仅会损害自己的性情，还会使自己失去自制力。不妨对别人谦让一些，与其跟一只狗抢路，不如让狗先走一步。如果你被狗咬了一口，即便你打死这只狗，也不能治好你的伤口。"

在《点滴》这本书中有一篇文章，提出了如何对待持不同意见者以及如何避免与这些人争论：

第一，欢迎别人提出不同意见。

过去有这样一句俗语："人们不需要意见总是相同的伙伴。"如果有人提出了不同意见或是你没想到的知识点,你就应该对别人心怀感激。因为不同的意见,可以让你集思广益并且避免犯严重错误。

第二,不要盲目地相信自己的直觉。

当有人提出不同意见的时候,我想,你首先应有的自然反应可能是自我保护。但是,你应该保持平静、谨慎,小心注意自己的直觉反应,因为这可能是你最坏的地方,而不是最好的地方。

第三,自我克制,控制好自己的情绪。

记住,根据一个人在什么情况下情绪失控,你可以判断这个人的度量和修养,以及是否有所作为。

第四,学会倾听不同意见。

让不同意见者有发表意见的机会,让他把自己想说的话说完,这样才能消除彼此的沟通障碍。学会用心地倾听,并且拒绝抗拒和争辩,才能构建沟通和交流的桥梁。

第五,寻找双方的共同点。

当你听完持不同意见者的话之后,首先,努力寻找双方的共同点或是你能认同的地方。

第六,诚实为本,真诚地向对方道歉。

如果你发现自己错了,就要勇于向对方承认,并且为你的错误而道歉。这样就可以减轻对方的敌对心理,减少对方的防备和进攻，进而加强彼此之间的沟通。

第七，慎重考虑反对者的意见。

记住要发自内心地承认，因为对方的不同意见可能是正确的，所以同意考虑他们的意见是非常明智的做法。如果等到对方对你说"我早就告诉你了，可是你却不听"时，那就非常难堪了。

第八，感谢反对者的关心。

那些愿意给你提出不同意见的人，大多数都是和你关心同一件事情的人。不妨把他们当成是对你有帮助的人，并且感谢他们的关心，也许你们就会成为真正的朋友。

第九，不要急于行动，三思而后行。

不要着急行动，让彼此有足够的时间把事情慎重地考虑一下，然后再举行会谈。在会谈之前不妨仔细地想一想：

"他们的意见有没有可能是对的？他们的立场或理由有没有道理呢？我的反应，到底是针对客观问题本身还是出自个人的主观臆断呢？我这样做，是会增加分歧还是会促进合作呢？我的反应，是让别人更喜欢我还是更讨厌我呢？我将取得胜利还是遭遇失败呢？假如我胜利了，我需要付出怎样的代价？假如我保持沉默，别人会不会反对我？这个难题，会不会是我获得成功的一次机会？"

真·皮尔斯是著名的歌剧男高音，他和妻子结婚已经快 50 年了。他说过："很久之前，我就和妻子达成了一个协议，不论我们有多么不满对方，我们都必须遵守这条协议：当一个人大声吼叫时，另一方则安静地倾听。因为，如果我们一起大吼大叫就毫无沟通可言了，有的只是噪音和激动。"

所以，如果你想要让别人赞同你，请记住下面第一条原则：

想要在争论中获得最大的胜利，唯一的方法就是避免争论。

2. 避免树立敌人

西奥多·罗斯福担任总统的时候曾经说："如果在任期内我所做的事情有75%是正确的话，那就是我期望达到的最高标准了。"

罗斯福是20世纪最杰出的人物之一，如果他希望达到的最高标准是这样，那么，我们又该怎样做呢？

如果你可以确定自己做的事情有55%都是正确的，那么，你到华尔街每天可以赚取上百万美元。如果你不能确定,凭什么指责别人的错误呢?

你通过很多方式指责别人做错了,比如神态、声调以及手势等。可是,即便你告诉他错了,他会赞同你吗?他会感谢你吗?

不会!永远都不会!

因为你的指责,直接否定了他的智力、判断力,伤害了他的骄傲和自尊。这样的行为只会让他强烈地反击你,而不会让他改变想法。即便你运用柏拉图或康德的逻辑来证明自己的论点,也不能改变他的观点,那是因为,你已经伤害了他的感情。

永远不要开口就这样说:"我要证明给你看。"这更加糟糕,这样等于在说:"我比你聪明,我可以拿出一个或两个事实来证明你是错误的。"这相当于当众挑战,不仅不会解决问题,反而会引起对方的反感。

那么,如果你使用最温和的语气呢?其实,这也很难改变别人的意志。我们为什么要指出别人的错误呢?为什么要让事情越来越糟糕呢?为什么不阻止自己这样做呢?

如果你想要向别人证明什么,就不应该大声地到处宣扬,更不应该让别人觉得你是在教训他。我们应该讲究策略和方法,让别人在不知不觉中赞同你的观点,并接受你的观点。

"教导他人时,应该以潜移默化的方式来使其受教,提醒他人不知道的事情，就如同他一时忘记了一样。"亚历山大·蒲柏对此做了简单的表述。

早在300多年前，意大利著名天文学家伽利略也这样说："你不可能教会一个人所有的事情，你只能帮助他自己学会如何处理。"

19世纪英国著名政治家查斯特·菲尔德也曾对儿子这样说："如果可以，我们要比他人聪明，可是你不能告诉他这一点。"

除了乘法表之外，我现在几乎不相信20年前所相信的任何事，甚至，我开始怀疑爱因斯坦的一些理论。或许在20年以后，我也可能会对自己在这本书中所说的话产生怀疑。现在，我从来不会轻易相信和判定任何一件事了。

著名哲学家苏格拉底总是告诫自己的弟子说："我只知道一件事，那就是我一无所知。"

我根本不敢奢望自己比苏格拉底这样的伟人更睿智，所以，我也不敢直接指出别人的错误。结果，我发现这对我的事业和人生具有很大的帮助。

如果一个人提出某个观点——你可以肯定那是错的——但是你完全没有必要直接指出他的错误。

你或许可以这样说："噢，是这样的！这个问题我有另一个看法，但或许我是错误的，因为我时常会出错。如果我说得不对，还请你帮我纠正出来，让我们来看看出现的问题吧。"

如果你善于运用这类话语，如"或许是我的不对""我时常会出错""让我们来看看是什么问题吧"，确实会起到非常神奇的作用。

无论在什么时候、什么地方，永远不会有人反对你这样说："如果我说得不对，还请你帮我纠正出来，让我们来看看是什么问题吧。"

有一次我访问了著名的探险家、科学家史蒂文森，他曾在北极的冰天雪地中生活了整整 11 年。那里环境十分艰苦，其中有 6 年时间他只能依靠兽肉和雪水维持生命，根本吃不到其他食物。

他告诉我，他曾经做过一次试验。我问他，想借助这个试验来证明什么？他的回答让我终生难忘，他说："一个科学家永远不打算证明什么，他只是在尽自己最大的努力寻求事实。"

如果你希望让自己的思想更科学化，那么除了你自己，没有人能够阻拦你。

海罗德·瑞恩克是我的一个学员，他是道奇汽车蒙大拿州比灵斯地区的经销商，他曾经巧妙地运用上述技巧处理了客户的投诉。他说，由于汽车销售面临很大的竞争压力，所以在处理顾客投诉时，他的态度有些生硬和冷淡，这导致他的业绩连续下降，顾客的满意度也很低。

在培训班上他这样描述道：

我意识到如果再这样下去，我的公司会面临倒闭。所以，我决定改变自己的态度和方法。

当再次遇到客户投诉时，我会说："我们的服务确实有很多问题，这让我感到十分羞愧。如果您有不满的地方，或是觉得我们什么地方做错了，请您告诉我，我们一定会改正，直到您满意为止。"

这个方法果然有效，它不仅消除了顾客的敌意，还让顾客觉得自己受到了尊重。一旦客户的敌意消除，就显得通情达理，而事情就不难解决了。

事实上，一些客户还对瑞恩克积极解决问题表示出感谢和赞赏，还有人为他带来了新客户。

在竞争激烈的情况下，每个公司都需要更多这样的顾客，而且要相信对顾客的尊重和礼待会让我们赢得更多客户，更会提高我们的竞争力。

如果你敢于承认自己可能犯错了，就永远不会被麻烦困扰。而当所有的争论都消失时，你的对手会受到更大鼓励，也会变得更加开明、坦诚。这样一来，他可能也会愿意承认自己的错误。

当你肯定别人确实犯了错并且直截了当地告诉他时，

那会有什么样的结果?我不妨举一个例子来说明:

在纽约有一位年轻的律师,最近他代理了美国最高法院一件十分重要的案件。这个案件,牵涉到一笔巨款和一个重要的法律问题。

在辩护过程中,法官问律师:"《海事法》的申诉期限是6年吗?"

律师思考了一阵,然后注视着法官说:"法官阁下,《海事法》中并没有这样的限制条文。"

当他说完时,整个法庭顿时沉寂下来,室内温度似乎瞬间降到了冰点。后来他对我说:"我是正确的,法官记错了,但我直接纠正了他。可是,他会感谢我吗?不,他不会感谢我,而我也为自己招来了麻烦。

"在那次辩护中,我相信自己的论点非常有法律依据,况且我知道自己那次法庭辩护讲得比以往任何一次都好。可是,我并没有说服那位法官,因为我犯了一个错误,直接反驳了一位极有学问的著名法官,并且当众告诉他——你错了。"

很少有人具有逻辑性的思维能力,在生活中我们大多数人都有主观、武断、嫉妒、猜疑、恐惧等缺点,并且会犯主观臆断、带有偏见的错误。所以,如果你总是指出别人的错误,不懂得避免与人树敌,那么,请你在每天早餐之前坐下来,仔细品读下面这段文字。

它摘自詹姆斯·哈维·鲁宾逊教授的著作《决策的过程》,这本书非常富有哲理性,并且极具启迪意义。

有时候我们会冲动地改变自己的想法。但是,如果有人说我们错了,那么,我们就会迁怒于对方。

我们通常会无意识地或是潜移默化地改变自己的某种观念,这种行为通常不容易被我们发现。但是如果有人不同意或是反驳我们这种观念的时候,我们反而会竭尽全力维护自己的想法,以免自己的利益受到侵犯。

显然,这并不是因为这种观念本身异常珍贵,而是因为我们觉得自己的自尊心受到了侵害。

在与人交谈时,"我的"这两个简单的字确实是对我们最重要的词语,而恰当地、准确地用好这个词,才是智慧之源。无论是"我的"饭、"我的"狗、"我的"屋子、"我的"父亲、"我的"国家或是"我的"上帝,等等,这些都具有相同的强大力量。

我们不仅不喜欢别人批评我们的手表不准,不喜欢别人说我们的汽车太破旧,还非常讨厌别人指正我们对于火星上水道的看法,对于希腊斯多葛派哲学家"埃皮克提图"的发音,对于水杨苷药用价值的认识以及对于亚瑟王利亚大帝出生年月的错误……

我们总是喜欢一如既往地相信某件事情，一旦我们所相信的事情遭到了怀疑和否定，我们就会产生强烈的反感，并想方设法为它辩护。结果，我们所谓合理地推理和证明，都变成了继续相信错误事物的借口。

著名心理学家卡尔·罗吉斯在他的著作《怎样做人》一书中写道：

当我尝试去了解别人的时候，我发现自己受益匪浅。或许你觉得非常奇怪，我为什么会这样说呢？我们真的有必要如此吗？

不错，我认为这是非常必要的。我们听别人说话的时候，大部分人的反应是进行判断或评价，而不是尝试着去理解。

当别人讲述他们的某种感觉、态度或者信仰的时候，我们总是习惯做出这样的判断："这不正确""太可笑了""这正常吗""这不合乎常理""这太荒谬了""他错了"……可是我们却很少尝试了解这些话的真正含义，以及它对别人来说意味着什么。

举一个例子：

有一次，我准备为自己的房子制作一套新窗帘，并请了一位室内装饰设计师来设计。当我收到账单的时候，我非常吃惊，因为这个价格有些出乎意料。

过了几天，我邀请一位朋友来我家做客，他看到这套新窗帘并询问了价钱，然后十分惊讶地大喊道："什么？这太贵了，这套窗帘根本不值那么多钱，我想，你肯定受骗了。"

我会有怎样的反应呢？是的，我知道她说的是对的，但是，几乎没有人愿意承认自己受骗了，也没有人愿意听别人贬低自己的判断力。所以，我开始极力地为自己辩护："好东西总是价格昂贵的。一分钱一分货，便宜的价格，怎么能买到品质优良又富有特色的东西呢？"

第二天，另一个朋友来拜访我。她也询问了我关于窗帘的情况，但是与第一个朋友不同的是，她非常真诚热情地赞赏那些窗帘，并羡慕地说："我真羡慕你安装了这么精美的窗帘，如果我的经济能力允许，我也会为家里安装这么精美的窗帘。"

这时我的反应又是如何呢？我坦诚地承认了自己的失误，并且对她说："唉，说实话，其实我也负担不起这么昂贵的窗帘，它们花了太高的价钱，现在，我都有点后悔买了它们。"

当我们做错的时候，我们或许会主动承认自己的错误。如果对方的态度温和友好一些，我们或许也会向别人承认错误，甚至会为自己的这种坦诚和直率感到自豪。

但是，如果有人直接指出我们的错误，并硬要我们承认时，这就像是硬让我们咽下难以下咽的食物一样，那么我们就会反抗到底。

美国南北内战时，当时最著名的编辑哈里斯·格里莱强烈反对林肯推行的政策。他以为用讽刺、讥笑、谩骂等办法就可以让林肯接受自己的意见，甚至想通过一场辩论赛来让林肯同意他的观点。于是，他持续不断地攻击林肯本人以及相关政策，日复一日、年复一年。

就在林肯遇刺的那天晚上，他还写了一篇尖酸刻薄而又富有个人攻击色彩的文章来讽刺林肯。这些尖刻的攻击让林肯妥协了吗？没有，一点都没有。所以说，讥笑、谩骂、讽刺和攻击等方式永远也解决不了问题。

如果你想要知道一些为人处世的技巧，想要更好地自我管理、自我控制以及增进品德修养，不妨读一读《本杰明·富兰克林自传》——这是一本引人入胜的传记，也是美国文学史上最出色的著作之一。

在这本自传中，富兰克林详细地讲述了他如何克服喜欢争论的恶习，从而使他成为美国历史上最出色、最和善、最圆滑的外交官。

当富兰克林还很年轻的时候，他非常冒失、急躁并且喜欢和人争辩。有一天，教友会一位老教友把他叫到一边，用非常严厉的话训斥了他一顿。

这位老教友说："你实在无药可救了，如果别人和你意见不同，你就会嘲笑、攻击他们，你这样很无礼，以后没有人愿意搭理你。你的意见显得太珍贵了，没有人能承受得起。如果你不在场的话，你的朋友们反而会更自在、更快乐。

"你觉得你无所不知，没有人可以教你任何事情了，而且也没有人愿意去做这种毫无意义的事情。所以，你以后都没有办法学到新知识了，而你现在所获得的知识终归是有限的。"

据我所知，富兰克林身上有一个最大的优点，那就是他愿意接受那些严厉而正确的指责。此时，他领悟到一个道理：老教友所说的话都是事实，如果再这样下去的话，自己将面临事业和社交的失败。于是，他下决心彻底改掉这些陋习，并且抛弃傲慢、固执的态度。

富兰克林在自传中写道：

我给自己制定了一条规矩，那就是绝对不允许自己主观臆断，不允许和别人发生冲突，甚至不允许自己在语言文字中运用过于强硬、过于肯定的词语。

我不再使用"当然""无疑""肯定""毫无疑问"等含有绝对肯定意义的字句，而是使用"我想""我推测""我想象"以及"对我来说，好像是这样的……"这些字句。

当我发现别人确实犯了错的时候，我会努力克制自己的冲动，不再冒冒失失地指出他的错误。我会更委婉地告诉他们："在某种情况下，你的意见也许是正确的，但是，在现在的条件之下，我认为还有一些问题，我们应该这样做……"

很快，我发现这样做让我获得了很大好处，我受到了朋友们的欢迎，我们之间的谈话变得更加愉快、融洽了。

我发现以谦逊的态度来表达自己的意见，不仅可以让别人更愿意接受，而且还可以减少不必要的冲突。令人高兴的是，当我说得正确的时候，就会更容易说服对方赞同我的意见。

刚开始，我采用这种方法的时候，确实和我的本性有不相符的地方。但是经过长时间的训练和调整，我自然而然地养成了这种良好的习惯。在过去50年中，几乎没有人听我说出过任何一句武断的话。

因为我养成了这样良好的习惯，所以，当我提出新法案或修改旧条文时轻松地得到了民众的重视和赞同。

同时，当我成为议员之后，这种习惯让我获得了相当大的影响力。虽然我并不擅长辞令，也没有出色的口才，措辞也经常不准确，甚至还时常说错话，但是，在大多数情况下我总是可以获得人们的赞同。

试想一下，如果把富兰克林的方法运用在商业领域中会取得什么样的效果呢？我们不妨看看下面几个例子。

凯瑟琳·阿尔弗雷德在北卡罗来纳州一家纺纱厂担任工程总监，她参加了我的演讲训练班，并且在班上讲述了自己是如何处理敏感问题的：

我工作职责的一部分，是建立和维护企业的员工激励体系，以便让员工生产出更多的纱线，同时又让他们赚取更多的工资。当我们只生产两三种纱线时，目前采用的方法和标准还发挥了良好的作用。但是，最近我们计划扩大产品项目、提高生产量，决定生产12种以上的纱线。这样一来，原来的体系就不再适应新情况了，员工既不能按要求完成工作量，而且她们也无法得到合理的报酬。

于是，我重新设计了一套全新的标准，员工不仅可以按时完成生产任务，还可以获得合理的报酬。最重要的是，工厂的产量也得到了很大提升。

在一次会议上，我向公司的高层领导介绍了这套新标准，并极力向他们证明这个标准的正确性和可行性。

接下来，我指出了旧的激励体系中存在的很多错误，并且指出新体系完全可以解决这些问题，同时我希望得到大家的赞同和支持。可是最后我失败了，我太急于证明新体系的正确性了，却忘记了保全这些高层的面子，并且强迫他们承认旧体系的错误。

所以，我的新标准还没实行就已经胎死腹中了。

我参加了演讲训练班之后，马上就意识到了自己所犯的错误。

我请求高层再召开一次会议。在这次会议上，我真诚地请他们指出新标准的问题，并且针对每一个问题展开了讨论，请他们说出最好的解决方案。

我在最恰当的时候，引导他们按照我的思路提出解决方案，最后当会议结束时，我事实上已经提出了自己的方案，而这次他们完全赞同我的新方案。

现在，我相信如果你直接指出一个人的错误，那么不仅无法说服他赞同你，反而会起到相反的结果。当你指责别人的时候，其实已经伤害了别人的自尊，并让自己成为令人讨厌的人。

麦哈尼居住在纽约自由街114号，他专门制作经销石油业使用的特殊设备。有一次，来自长岛的一位重要顾客给了他一个大订单。图样呈上去之后很快就通过了，于是他开始制造客户所需要的机件。

但是，这时却发生了一个大问题：那位客户和自己的朋友谈起这笔订单时，他们都严厉地警告他，说他受了麦哈尼的欺骗，并且犯了一个大错误。他们说，所有的机件都是错误的，这个太宽了，那个太短了，这个怎样怎样，那个怎样怎样……

客户听了朋友的话后马上火冒三丈，于是愤怒地给麦哈尼打电话，发誓他绝不接受已经开始制作的机件。

事后，麦哈尼在培训班上这样叙述道：

我仔细地检查了所有的机件，确定我们的方案没有任何问题。我知道，客户和他的朋友根本不懂专业知识，但是，如果我这样告诉他们将是非常危险的事情。于是，我决定立刻到长岛找这位客户商谈。

当我走进他的办公室时，他立即怒气冲冲地向我走来，一面挥舞着拳头，一面大声地对我吼叫。他的情绪非常激动，不停地指责我和我的产品，最后说："好吧，你打算怎么办？"

我非常镇定地告诉他："你出钱购买这些机件，当然想要买到最合适、质量最好的产品,我制造这些产品也必须为它们的质量负责。可是现在出了问题,总要有人对这件事情负责才行。

"如果你认为自己是正确的,那么,请给我一张新的样图。虽然为了制造这些机件我已经花费了2000美元,但是,我宁愿损失这2000美元也要让你满意为止。

"但是,我必须提醒你,如果我按照你重新设计的样图去生产的话,你就必须承担所造成的后果。我相信我们原来的设计是正确的,如果你同意让我按照原来的设计进行,那么,我可以对这件事情担负全部责任。"

这时候,他已经完全冷静下来。最后他说:"好吧,你就按照原计划进行吧!如果真的出了问题,我绝对不会接受一个机件。"

结果,我生产的机件没有一点问题,完全符合他们的要求。事情得到了圆满解决,而他对我的产品非常满意,还和我订购了第二批同样的货物。

麦哈尼最后对我说:"当这位顾客骂我是骗子、对我愤怒地挥舞着拳头并且说我一窍不通时,我努力克制自己的情绪,避免与他发生争论。当时我的确花了很大的力气才控制好自己,但这是非常值得的。

"如果我直接反驳他,并开始和他争论,那一定会引起对方更大的反感和厌恶,不仅会给我的公司造成严重的经济损失,更会失去一位重要客户的信任和尊重。我深信,用这种方法直接指出别人的错误,实在是太不划算了。"

这里还有一个例子。请记住,我所举的这些例子非常具有代表性,汇聚了成千上万人的经验和教训。

克洛里在纽约泰勒木材公司做木材推销员。他承认,多年来他非常看不惯那些固执、脾气暴躁的木料检验员,所以,他经常与这些木料检验员争论,毫不留情地指出他们的错误。他也经常会在辩论中获胜,但是,这对他没有任何好处,反而给他带来很多麻烦。

他这样说:"因为这些木材检验员就像是棒球裁判员一样,一旦做出了判定,就很难更改自己的决定。"

克洛里发现,因为自己喜欢和这些木材检验员争辩而使公司损失了一大笔金钱以及很多重要客户。所以,他参加了我的演讲训练班之后,下决心改变自己的说话方式,避免与人发生争论。

结果怎样呢?下面我们来听一下他在班上的叙述:

有一天早上,我突然接到了一个紧急电话,是一位气愤的客户打来的。他在电话中指责我说,我们送过去的一车木料完全不符合他们公司的要求。顾客表示他们已经停止卸货,并要求我们马上把这批木料全部运走。

原来，在卸下 1/4 的木料之后，他们的木料检验员发现竟然有 55% 不合格，所以，他们马上拒绝收下这批木料。

我立刻赶往客户的公司，在路上，我一直仔细思考如何更好地解决这个问题。

以前，我通常会拿出木材等级的规则，并根据自己以往的经验与知识向那位检验员证明，这批木料确实完全没有问题。不过，我知道如果这样做情况可能会更糟糕，于是，我想尝试一下在训练班上所学到的那些原则。

当我到了他们公司时，采购经理及木料检验员正怒气冲冲地站在木料旁边，显然是想要和我吵架的样子。

我来到正在卸货的卡车旁边，我要求他们继续把木材卸下来，以便让我看看问题出在哪里。我请检验员继续按照他们公司的标准进行检查，把不合格和合格的木料分开摆放，以便查看它们的区别。

过了一会儿，我发现检验员弄错了检验标准，而且在检查时太挑剔了。

这批木料是白松，和其他硬木有很大的区别。我知道这位检验员有着丰富的硬木检验知识，但是对白松这类木料却并不十分了解，而恰巧我的特长正是检验白松。但是，我要告诉他犯了错吗？还是对他的检验结果提出反对意见呢？

不，绝对不能这样。

/ 第二章 / 如何让别人赞同你

我继续在旁边检验，一边开始询问他这些木料不合格的原因，一点儿都没有表现出质疑他的意思。我郑重地对他说："我之所以这样询问，只是希望将来更好地执行你们要求的标准，以便给你们公司提供符合标准的木料。"

我以一种友善合作的态度向他请教，并坚决支持他们将不满意的木料挑出来。结果，他的态度也发生了改变，而之前那种剑拔弩张的气氛也开始缓和下来，因为我的态度让他感到了自重感。

此时，我也趁机表达一些意见，让他发现自己挑出来的木料实际上还是符合标准的——但实际上他们是提高了等级标准，这可能需要一类价格更高的木材。我非常谨慎小心，没有让他知道我指出了他的错误。

最后，他坦诚地说自己对于白松并没有太多经验，并且在检验这些木材的时候还会征求我的意见。我们谈论了关于白松的相关知识和经验，我向他解释为什么这些木料是合乎标准的，但是我仍真诚地对他说："如果你对这些木料不满意，你们仍可以拒绝接受。"

最终，他终于意识到了自己的错误，那就是他事先没有弄明白所需木料的等级标准。

我离开之后，他重新检验这批木料并且全部接受了，很快我就收到了他们公司的全额支票。

"讲究说话技巧，尽量避免直接指出对方的错误，不仅让我们公司避免损失一大笔收入，还给顾客留下了良好印象，这是用金钱无法衡量的。"克洛里最后对我说。

马丁·路德·金是世界上最著名的和平主义者，也是和平运动的提倡者。有一次，有人问他："您为什么会如此敬仰当时军衔最高的黑人将军丹尼尔·詹姆斯呢？"

马丁·路德·金回答说："我用他自己的原则来判断他，而不是用我自己的原则。"

同样，美国南北内战时期，罗伯特·李将军在南部联邦总统杰斐逊·戴维斯的面前极力赞扬一位下属军官。另一位军官非常吃惊地对他说："将军，你知道吗？那个人可不会赞扬你，他总是毫不客气地攻击你，你为什么还要如此称赞那个人呢？"

"是的，我知道。"李将军回答说，"但是，现在总统是在问我对他的看法，而不是在问他对我的看法。"

的确，在本章内容中我并没有提出什么新的观点，但是这些道理却值得我们牢记。早在2000年前，耶稣就曾经告诫自己的弟子："尽快赞同你的对手吧！"

而在2000多年前，古埃及国王阿克图也曾经给儿子一个睿智精明的忠告——这对于今天的我们来说，也是非常重要的忠告。在一天午宴时，阿克图国王对儿子说："谦虚而有策略，你将无所不能。"

也就是说，不要和任何人发生争论，包括你的顾客、丈夫、朋友、同事、下属，或你的对手。

如果你想要让别人赞同你，请记住第二条原则：

不要指责别人错了，也不要和别人发生争论，而是应该讲究一些技巧和策略。

3. 当你错了，真诚地承认吧

我居住在纽约市的市中心，从我家步行不到一分钟就可以看到一片森林。当春天来临时，草地上开满了野花，松鼠在树林中快乐地生活，野草非常茂盛，长得与马头一样高。

这片茂盛的森林被当地人叫作森林公园，因为它确实是一片原始森林，没有遭到任何破坏，可能和哥伦布发现美洲时看到的一样神秘、茂盛。

我养了一只波士顿哈巴狗，并给它取名为瑞克斯，每天我们都去森林公园散步。这只小狗非常友善、乖巧而不会伤人，还因为在这个公园中几乎碰不到太多人，所以我带着瑞克斯散步时，通常不会给它系狗链或戴口罩。

但不久后发生了这样一件事：

有一天，我们正在公园里自由自在地散步，瑞克斯欢快地跑来跑去，恰巧遇到了一位骑马的警察。他为了显示自己的权威性，非常严厉地训斥我："你为什么不给这只狗系链子或是戴口罩？它这样在公园中乱跑，可能会咬到别人或是小动物，难道你不知道这是违法的吗？"

我吓坏了，马上很有礼貌地说："是的，我知道这不对。但是它非常乖巧，我想它不会咬伤别人。"

"你想不会，你想不会！法律才不会管你怎么想！这只狗可能会咬伤那些小松鼠，或是伤害到小孩子。你必须给这只小狗系链子或是戴口罩，如果下次我再看到你犯这样的错误，你就等着去跟法官解释吧！"警察继续说。

我小心谨慎地保证下次一定会给瑞克斯系链子。可是，我尝试了好几次，瑞克斯非常讨厌戴口罩，我也不喜欢束缚它，所以，最后还是决定放弃了。

刚开始，我们的运气很不错，可是好景不长，很快我们就再一次遇到了那位严厉的警察。

一天下午，瑞克斯正在一个小山丘上欢快地跑来跑去，突然，我远远地看到那位警察，正骑在一匹棕红色的马背上。不幸的是，瑞克斯恰巧跑在最前面，并且直接朝着那个警察跑过去。

我知道这次完了,那个警察肯定饶不了我。于是,我决定先发制人,在警察开口之前就承认自己的错误。我真诚地说:"警官先生,我被你当场逮住了,我这次确实犯法了。我没有借口可以推卸责任,因为上个星期你已经严重警告过我,如果我再不给小狗戴口罩或者系链子就会惩罚我。现在你惩罚我吧!"

警察的态度反而没有那么严厉了,他温柔地说:"是的,是的。不过现在这里没有其他人,谁都想带着这样可爱的小狗来散步。"

"这真是一件非常美好的事情!"我回答说,"可是,这确实是违法的。"

出乎意料的是,这位警察竟然开始替我说话:"这只小狗非常乖巧,我相信它不会伤人的。"

我坚持说:"不,它可能会咬伤小松鼠。"

他却继续开导我说:"哦,先生,我想你可能对这事太较真了。现在我告诉你,如果你能保证不让它跑过那个小山丘,不让我看见它,我就可以忘掉这件事情。"

和所有普通人一样,这位警察非常渴望获得别人的尊敬,所以,当我开始自我反省、自我批评时,他反而变得宽容大度起来,并且开始为我说话。

如果我继续为自己辩解的话，那么又会造成什么样的后果呢？你曾经和一个警察争辩过吗？或许到那时，你会知道后果是什么了。

但是，我做了一个明智的选择，我没有直接和他争辩，而是承认了他的权威性和正确性，并且坦诚地承认自己的错误。因为我的态度非常真诚，并且站在他的立场上说话，所以他才能反过来为我说话。

最后，我很快地解决了这个麻烦，这位骑警开始变得和善宽厚起来，甚至比柴斯特·菲尔德爵士都更仁慈和善。而在一个星期之前，这位警察还曾经威吓说要把我送上法庭。

如果我们知道自己无法避免受到别人的责备，那么，为什么不抢先一步，积极主动地承认自己的错误呢？难道自我批评、自我责备，不比受到别人的斥责还要好吗？

这种情况下，他可能就会改变自己的观点，反而对你采取宽厚谅解的态度，并且宽容你所犯的错误。正如那位骑马的警察，会宽容原谅我和瑞克斯所犯的错误一样。

费迪南·华伦是一位经营艺术品的商人，他曾经使用这种方法成功地解决了一位粗暴无礼、喜欢挑剔的顾客的责备，并且获得了这位顾客的好感。

华伦先生给我们讲述了这个事情的经过：

精确而谨慎的态度,是广告及出版行业必须遵守的一个最重要的原则。

有些美术编辑时常要求别人立即完成他们交代的工作,在这种情况下,就难免会出现一些细小的错误。

我负责的一位美术主任非常喜欢吹毛求疵,甚至还喜欢在鸡蛋里面挑骨头。我每次离开他办公室的时候,都会感觉非常不舒服,这并不是因为他批评了我,而是因为我无法忍受他攻击我的说话方式。

最近,我为这位美术主任完成了一份非常紧急的画稿,刚交完画稿就接到了他的电话。

不出我所料,我的麻烦又来了。我走进他的办公室,他正满怀敌意地等着我,好像终于抓到了挑我毛病的机会——他愤怒地质问我为什么会犯这样的错误。

这时,我想起不久前新学到的方法——自我批评的沟通方法。于是,我真诚地对他说:"先生,您说得非常正确,这次我犯了很大的错。对于我的过失,我感到非常愧疚并会承担所有的后果。我为您服务了这么长时间,不应该会犯这样严重的错误,我真诚地向您表示歉意。"

在我真诚地认错之后,他开始站在我的立场说话:"你说得没错,不过这次的错误也不是非常严重,你只要……"

我立即打断他说:"不管我犯了什么样的错误,都必须为这个错误承担责任,否则就会让人感到厌烦。"他想要再说些什么，但是我并没有给他机会。

这次我感到非常高兴，因为这是我第一次进行自我反省和自我批评，我并不想为自己开脱。

我继续说："从现在开始，我应该更加谨慎小心。您给了我这么多的工作机会，我应更加努力地做到最好。所以，我决定再重新画一次。"

他立即反对说："不！不！我并不想那样麻烦你，只要稍微做一些小改动就好了，我自己也可以做一下修改。这不过是一些细节上的错误，不会对公司造成太大的影响，你不用这么担心。"

后来他还称赞了我的作品，并且鼓励我继续努力工作。

正是因为我积极主动地进行自我批评，这才让他消除了怒气和抱怨，更使他变成了一个善解人意的人。最后，他还邀请我一起共进午餐，在我们分手之前，他支付了之前所有的费用，并交给我新的工作。

一个敢于承认自己错误的人，也可以在自我批评和自我反省中得到某种满足感。这不仅可以消除人们的罪恶感和自我辩护的感觉，而且对于解决实质性问题具有很大的帮助。

布鲁士·哈威先生在新墨西哥州阿布库克市的一家公司担任财务经理。有一次，一位员工请了病假，而他却给这位员工发了整月的薪水。他很快就发现了这个错误,于是立即告诉了这个员工,并且要求他下个月退还多发的薪水。

这位员工表示这会给他带来很大的麻烦,所以请求分期扣除多发的薪水。但是,哈威必须征求总经理的同意才能做出决定。

在培训班上,哈威这样说道:

我知道是自己犯了这个错误,总经理一定会大发雷霆,要如何才能更好地解决这个问题呢?

我知道这完全是由于自己的粗心大意而造成的,所以,我决定主动向总经理承认错误。

我进入总经理办公室之后,主动承认自己犯了错,并且详细地讲述了事情的经过。

总经理果然大发雷霆,指责人事部门的失职,而我坚持把错误揽在自己身上。他又愤怒地指责财务部门的疏忽,我仍坚持说这是我的失误。他甚至还责骂我们办公室的另外两个同事,但我依然表示这是我自己的责任。

最后,他见我如此真诚地承认错误,便对我说:"既然你承认是自己的错误,那么就马上去改正吧!"结果,问题得到了完美的解决,而且没有给任何人带来麻烦。

我认为我做得非常不错,因为我解决了这个棘手的问题，并且敢于承认自己所犯的错误。从那以后，老板更加信任和重视我了。

　　每个人都会为自己所犯的错误做辩护——而且大多数愚蠢的人都会做这样的选择。而敢于承认自己错误的人，通常会得到别人的谅解，并且给人留下谦卑的印象。

　　比如，美国历史上曾经流传着一个著名的故事：南北战争时期，罗伯特·李将军主动承担了毕克德攻击葛底斯堡惨败的错误，并且常常自责不已。

　　葛底斯堡战役是一场异常惨烈的战役，它无疑是西方世界史上最激动人心、辉煌显赫的战斗。毕克德是当时最英勇善战、光彩照人的英雄人物：他长发披肩，就像意大利战场上的拿破仑一样意气风发，几乎每天在战场上书写着热情浓烈的情书。

　　在七月的一个下午，毕克德斜戴着军帽，骑着高大的战马率先向北方联军战场冲去。无数英勇的战士跟随着他，发出震天的呐喊声，整支军队士气高昂、气势磅礴。

　　毕克德带领着军队浩浩荡荡地向前进攻，飞扬的军旗、闪亮的刺刀、整齐的队伍，场面异常宏伟壮观，这一切都显示出这支军队的勇猛出色，就连北军都自叹不如。

　　毕克德和他的军队迈着轻捷的步伐，迅速地向前挺进。他们穿过山丘上的果园和玉米地,翻越危险的草地和险峻的峡谷,不畏惧任何艰险。虽然北军的炮火不断向他们发起猛烈的进攻,但是他们毫不畏惧地勇往直前。

当毕克德军队靠近一座山脊时,埋伏已久的北军突然从山脊背后冲了出来,向毕克德军队发起猛烈的进攻。

毫无防备的毕克德军队被打得措手不及,损失惨重。山坡上硝烟四起,瞬间变成了一片火海,到处都是枪林弹雨、死尸遍野。

短短几分钟之内,毕克德军队遭遇了毁灭性的打击,所有旅长级别的军官只有阿姆斯坦一个人幸存,其他人全都阵亡。同时,士兵阵亡人数达到了80%,5000名士兵中只有不到1000人幸存。

将领阿姆斯坦依然英勇奋斗,率领着残兵败将拼死冲杀。他冲在队伍的最前端,跃过高大的石墙,将自己的军帽挂在指挥刀上,一边用力地挥动着,一边大声喊道:"兄弟们,冲啊!勇敢地去战斗吧!"

所有的士兵都拼死战斗,他们翻越墙头,英勇地用刺刀和枪托与北军展开了殊死搏斗,最后,终于把南军的军旗插在了北方军的战场上。

可是,这面大旗却只飘扬了很短的时间,即便是那短暂的时间,却是南方同盟军最辉煌、最难忘的战绩。虽然毕克德和他的军队勇敢地战斗,然而失败却无法避免。是的，他们最终失败了。因为这次失败，南军再也无法突破北方的阵线，再也无法扭转惨败的战局了。

罗伯特·李将军悲痛万分、悔恨不已，他愧疚地向南方同盟政府总统戴维斯递交了辞职信，并且请求派一位年轻有为的将领接任自己的职务。

如果罗伯特·李将军想要把毕克德这次进攻的失败推到别人身上，那么他可以找出很多合理的借口，比如有些旅长的失职、骑兵没有及时支援、毕克德指挥失当……总之，他完全可以推卸自己的责任，更没有必要引咎辞职。

但是罗伯特·李将军没有这样做，他没有把错误归咎于任何人，反而主动揽下了所有的过错。当毕克德率领残兵败将惨败而归时，罗伯特·李将军单身骑马亲自迎接这些英勇的将士们，在他们面前自我检讨："这完全是我的错误，我一个人导致了这场战役的惨败。"

古往今来，几乎所有的将领都高高在上，很少有人像罗伯特·李将军一样具有这样的勇气和情操，勇于承认自己的过失。

艾伯·赫巴是美国最著名的作家，他的作品极具震撼性和创造性，尤其是那些讽刺性的文章时常会招致别人强烈的反感。但是，赫巴却懂得为人处世、与人交往的技巧，并且善于把自己的对手变成要好的朋友。

举一个例子：如果一些愤怒的读者给他写信，批评他某篇文章写得不好，并且尖酸地讽刺和责骂他。

赫巴通常会这样给读者回信：

仔细回想一下，我自己也不是完全赞同自己的观点，昨天写的文章，或许到了今天就会感到不满意。

我很高兴你能给我提出意见，因为这有利于我改正自己的错误。如果下次你经过我们公司的附近，欢迎你来我们公司做客，我们可以面对面地沟通交流。

再次感谢你的意见和支持。

赫巴谨上

面对这样和善包容的态度，即便是再挑剔的读者也无话可说了。

当我们发现自己的观点正确时，我们应该友好地、巧妙地让别人赞同它；当我们发现自己的观点错误时——如果我们能坦诚地面对自己的错误，我们就应该积极、主动而真诚地承认自己的错误。

不管你信不信，这种办法不仅可以产生意想不到的效果，而且在很多情况下，远远比你为自己辩护更有意义、更有趣。

请记住这句古语:"**用争辩的方法永远也无法让自己获得满足,但是用谦让的方法却可以让你收获很多意想不到的东西。**"

所以,如果你想要获得别人的赞同,请记住第三条原则:

应该主动承认自己的错误。

4. 以友好的方式开始

人们在生气的时候,很容易对别人发火,这样你固然感觉舒服多了,但是你考虑到对方的感受了吗?别人可以承受你的怒火吗?那火药味十足的声调以及仇视的态度,可以获得别人的赞同吗?

威尔逊总统曾说:"如果你紧握着两个拳头来找我,那么对不起,我敢保证我一定会用拳头来迎接你。但是,如果你用温和客气的语气对我说:'我们不妨坐下来商量一下,看看我们的问题究竟出在哪里,为什么会产生这样的分歧。'

"很快,我们就会发现,其实我们的分歧并没有那么大,我们的看法有很多相同的地方。所以,只要我们耐心地进行沟通,彼此就可以真诚以待、相互理解。"

约翰·洛克菲勒对威尔逊总统这些至理名言推崇备至,并且将它们运用在日常生活和商业交往中。洛克菲勒在科罗拉多州建造了一家煤铁公司,很多当地人都在这家公司做矿工。

1915年,洛克菲勒在科罗拉多州遇到了麻烦,他非常不受欢迎,人人都轻视、讨厌他。当时,人们极度的不满引起了一场声势浩大的罢工潮,它持续了两年多,震惊了整个科罗拉多州甚至全美国。

这次声势浩大的罢工,被称为美国工业史中流血最多的罢工潮。

当时,愤怒而冲动的矿工强烈要求公司提高工资待遇,有人肆意毁坏厂房,还发生了暴力冲突。在不得已的情况下,公司请求军队前来镇压暴动的矿工,很多工人被镇压和枪杀,并且连续发生很多起流血事件。

矿工们的心中充满了仇恨,非常痛恨洛克菲勒和他的煤矿公司,可是洛克菲勒却想让这些矿工接受他的意见。这是不是让人感到震惊?可是他却真的做到了。

那么,他是如何做到的呢?我们来看一下事情的经过:首先,他用几个星期的时间和矿工沟通,然后针对工人代表发表了一场非常出色的演讲。

这场演讲，可以说是洛克菲勒的一篇杰作，并且产生了令人震惊效果，它不仅化解了矿工心中的强烈仇恨，还让他赢得了很多人的赞赏和支持。他运用非常友善的态度来对待那些矿工，让他们心甘情愿地回去工作，再也没有提及增加薪资的事情。

下面，我们来看一下这篇著名演讲的开始部分，你会发现它的字里行间流露出友善和理解的感情。要知道，这次的听众都是极其痛恨洛克菲勒的人，就在几天前，他们还恨不得将他吊死在酸苹果树上。

面对这些充满仇恨的人，洛克菲勒没有指责和批评，而是用非常仁慈、友善的态度对待他们。

让我们看看洛克菲勒的演讲：

今天，是我人生中最难忘的一天，因为我第一次见到了公司的劳工代表、职员及督察们。说心里话，能来到这里我感到非常荣幸，而且还参加了这次令人终生难忘的聚会。

在两个星期之前，我和在场的大多数人还是彼此互不相识的陌生人，即便现在我还只是认识少数几个职工代表。上星期，我非常荣幸地拜访了南矿区的所有矿工们，除了外出的那些代表，我几乎和所有代表进行了沟通，我不仅拜访了你们的家庭，还认识了你们的妻子和孩子。

今天我们能在这里相聚，显然我们已经不再是陌生人，而是朋友。正是在这种友善理解的前提下，我才有了这么好的机会与大家一起讨论关于我们共同利益的问题。

这次聚会，是公司职员及工人代表共同参加的集会，我能够来到这里，完全是因为承蒙你们的厚爱。

虽然，我既不是公司职员也不是工人代表，但是我觉得，我们之间存在着非常亲密的关系，因为从某种意义上来说，我是公司股东及董事的代表。

这是一个非常典型的演讲例子，洛克菲勒用友善和理解化解了仇恨和冲突，并且让矿工成为自己的朋友。

如果洛克菲勒采用相反的方法呢？如果他态度强硬地和那些矿工争论，并且严厉地指责他们毁坏厂房设备；如果他指出这些矿工的这种做法是错误的；如果他采用逻辑规则来证明他们的要求完全是不合理的，那么，结果会是怎样呢？

没错，这一定会激起更多的愤怒、更多的仇恨以及更激烈的反抗，这次罢工潮恐怕会一发不可收拾。

如果一个人因为对你有偏见而对你心怀不满和厌恶，那么，即便你想出再合乎逻辑的办法也无法使他信服你。在生活中有很多这样的人，他们喜欢责骂自己的孩子，或是态度强硬地对待自己的下属和妻子，或是不停地在丈夫面前唠叨不休。这些人应该明白一个道理，人们通常不愿意改变自己的想法，不能勉强或迫使他们赞同你的想法。

但是，如果我们能采用温和友善的态度，反而容易引导他们与自己的意见保持一致。

其实，早在多年前，林肯就发现了这样的道理。下面我们来看他是如何说的：

有一句古老的格言说："一滴蜂蜜，比一加仑胆汁能捕到更多的苍蝇。"在为人处世上也是如此。

如果你想要让别人赞同你的观点，那么，你应该努力让他相信你是他真正的朋友。就好像是一滴蜂蜜一样，用一滴蜂蜜赢得他的真心，那么，问题就会迎刃而解。

商场上的成功人士逐渐明白了一个道理，用友善仁爱的态度对待那些罢工者，可以让自己收获很多好处。

这里还有一个事例：

怀特汽车公司的2500名工人组织了一次大罢工，要求提高工资待遇。怀特汽车公司经理伯莱克并没有采用粗暴的态度对待这些员工，也没有责罚、恫吓他们，反而还称赞了这些罢工者。

他在《克里夫兰报》上刊登了一篇文章，称赞这次罢工是"放下武器的和平举动"。

当他看见罢工纠察队的人无事可干时，他还特意给他们买了几套棒球棍和手套，请他们在工厂内的空地上打棒球。还有一些工人喜欢打保龄球，他专门为他们租借了一间保龄球室，让他们可以愉快地打球。

伯莱克的友善态度立即产生了很好的效果，赢得了罢工者的合作和友善。于是，出现了一个奇妙的现象：罢工的工人开始拿着扫帚、铁铲、垃圾车打扫工厂的厂房，将工厂的纸屑、火柴、烟蒂等垃圾清扫干净。

在美国罢工的历史中，还从来没有发生这样的事情。结果，这次罢工事件很快就得到了圆满解决，并且没有产生任何仇恨的情绪。

丹尼尔·韦斯特才华出众，还如同耶和华一样仁慈，所以，他成了一位能言善辩且非常出色的辩护律师。在法庭上，他总是用友善温和的语言来阐述自己的观点。

比如，他会这样说："请陪审团好好考虑这一点""各位陪审团，我可以考虑一下""各位，我相信你们不会忽略这样的事实"，或"你们非常了解人性，当然能够明白这些事实的重要"。

韦斯特从来不会与人争论，也不会采取强硬态度，而且他从来不会把自己的意见强加在别人身上。他总是用柔声细语和温和友善的方式进行辩护，这正是他有所成就并受人喜欢的原因。

你或许永远都没有机会去调解罢工潮，或在法庭上进行辩护，但是，你或许希望房东给自己减少房租。那么，友善的态度可以帮助你吗？我们来看看下面的事例。

施劳伯是一位出色的工程师，他居住在一个高档小区，房租非常高。他希望房东可以降低自己的房租，但他知道房东是一个非常顽固的人。

施劳伯在我的演讲班上讲述了自己的经历：

我给房东写了一封信，告诉他，我的租期快要到了，我马上就会离开这间公寓。其实，我并不舍得离开这里，因为我非常喜欢这里。如果你能降低我的房租，我非常愿意继续住下去。

但是我知道结果不会乐观，这种希望非常小，因为其他房客都尝试过，均遭遇了失败。所有人都觉得这个房东是一个非常难缠的人，但是我对自己说："现在我正在研究如何与人相处的课程，为什么不在他身上尝试一下？"

房东收到了我的信后，很快就带着秘书来到了公寓。我用最友好的态度迎接他，并没有抱怨房租太高，也没有直接要求他减低房租，只是表达了自己对这间公寓的喜爱,并且称赞他经营物业有方法。

我认为我做到了"诚于嘉许,宽于称道"。最后,我表示自己非常愿意在这里再住一年,可是我的经济实力已经无法支付这么昂贵的房租。

很明显,这位房东从来没有受到这样的欢迎和赞扬,所以,他非常感动并且满足了自己的自重感。

之后,他开始向我抱怨那些蛮不讲理的房客:"很多房客向我抱怨房价昂贵,有位房客甚至给我写了14封信指责我的房租太高,甚至说出侮辱我的话。还有一位房客威胁我说,如果上面一层楼的房客睡觉打呼噜的声音打扰到他睡觉,他就会立即取消租约。"

最后,他对我说:"我非常荣幸可以遇到你这样令人满意的房客,这真是太令人痛快了。"接着,他主动提出为我减少一些房租。不过我想再多减一些,于是,我提出了自己所能承受的数字,他立即就答应了。

当他离开的时候,还客气地问我:"你对房间满意吗?有没有需要装饰的地方?"

如果施劳伯和其他房客一样,采用强硬的方式来迫使房东减低房租,那么请相信,他根本无法顺利达到目的。正是因为施劳伯采用了这种友善和赞美的方式,所以他才顺利地达到了自己的目的。

狄恩·伍德科克居住在宾夕法尼亚州匹兹堡市,在匹兹堡电力公司担任部门主管。有一天,他派两个下属去修理一根电线杆上的某种器件。以前,这些工作都是由另外一个部门负责的,前一段时间才交接到伍德科克的部门。

虽然,这两个下属曾经接受过一段时间的专业培训,但毕竟是第一次去执行这个任务,公司各部门都非常关心这个问题,想看看他们是否能胜任这项新工作。

伍德科克手下的几个组长以及公司其他部门的一些负责人,全部前往现场观看他们的工作情况。

当时,伍德科克仔细观察了四周的情况,发现有一个人拿着照相机正从一辆汽车上下来,拍摄了当时的景象。

像匹兹堡电力公司这样的大型公司,通常非常注意公共关系的维护。

这时,伍德科克突然想起一件事来,那就是在那位拍照的人看来,这样的景象好像是一种浪费现象——因为现场有十几个人正在观看那两个工人操作,简直就是在浪费时间和浪费人力。

于是,他走到街对面找到那位拍照的人,他不禁问道:"你好像对我们的工作非常感兴趣?"

"不错,不过我母亲可能比我更感兴趣,因为她购买了你们公司的股票。现在这种场景,可以让她更清楚地了解你们公司的经营状况,我相信她看到这种情况之后,肯定会认为自己选错了股票。这些年来,我一直告诉母亲,你们这种大型公司肯定存在很多浪费人力和时间的事情,现在这景象就证明了我所说的话,或许那些报纸对这些照片更加感兴趣。"拍照人耸耸肩膀说。

"这种景象看起来确实有些问题,如果我站在你的立场上来看这个问题,也会有同样的想法。但是,这次确实是特殊情况……"伍德科克详细地向这个人解释当时的情况,由于他部门的下属第一次执行新任务,所以,公司上下都非常关心这件事的进展。

他还对那个人说:"我敢向你保证,在通常情况下,我们只需要两个人就可以很好地执行这项工作。"

最后,那个人终于相信了伍德科克的解释,离开时还友好地和伍德科克握手道别,感谢他特意花时间向他说明情况。

伍德科克采用了友善的态度来解决问题,不仅顺利地赢得了别人的信任,还维护了公司的名声。

新罕布什尔州李特顿市的吉拉德·文恩参加了我的演讲训练班,在班上讲述了自己前一段时间的亲身经历。他讲述了自己如何运用友善的态度,成功地解决了一个非常棘手的损毁赔偿案件:

今年春天刚来临时，天气依然非常寒冷，万物尚未复苏，还突然下了一场大雨。由于排水系统无法负荷暴涨的雨水，所以，雨水不断从下水道涌出，淹了很多田地和建筑物。不幸的是，我新建的房屋也未能幸免于难。

雨水对房屋地基形成了巨大的压力，并且慢慢渗透进了房屋底层的水泥地板中，不仅造成地板出现了很多裂缝，还完全淹没了地下室，并且严重损坏了里面的火炉和热水器。

大雨过后，我花费了很长时间和2000多美元才修理好这些东西。虽然我为自己的房屋购买了保险，却并不包含物品这一类损坏情况。

不过，很快我就发现，我的新房屋之所以被雨水淹没，是因为承建商的设计存在很大的疏忽：他们并没有在房屋附近修建排污沟。如果他们修建了足够大的排污沟的话，或许雨水就不会淹没我的地下室，自然就不会遭受这么大的损失了。于是，我决定找承建商索取赔偿。

在路上，我仔细地思考着这件事情，并且决定运用我在训练班上所学到的原则，看看是否能给自己带来帮助。

当我到达承建商负责人的办公室时，我非常平静和善地与他交谈。首先，我询问了他最近前往西印度群岛度假的情形，并且耐心地听他讲了很多有趣的事情。然后，在适当的时候，我提到了自己的地下室被雨水淹没的问题。

果然，他非常痛快地说："非常抱歉，我们的疏忽给你带来了麻烦，我们一定会负责改进的。"

几天以后，这位负责人给我打电话说，他会赔偿我修理损坏设备的费用，并且计划在房屋附近修建一道排污沟，以避免再次发生同样的事情。

虽然这件事情是因为承建商的疏忽而导致的，但是，如果吉拉德开始不是采取这种友善的态度，而是强硬地要求承建商承担全部责任，并且与他发生争吵，恐怕无法这么顺利地解决问题。

让我们再看看另外一个例子：故事的主人公是长岛沙滩花园城的戴尔夫人，她是当地非常有名的社交界名人。

前段时间，我邀请几位朋友共进午餐。对我来说，这是一个非常重要的聚会，所以，我当然希望让朋友们享受到周到热情的款待，宾主尽欢。

管家艾米是我最得力的助手，平时在管理家务、款待客人等方面非常在行。但是，他这次却让我非常失望，把聚会搞得一团糟。

当时，艾米根本没有在旁边侍奉，只派了一个普通侍者来招待客人。这个侍者根本不懂高级宴会的礼仪，不是做错这个就是搞错那个。有一次，他竟然拿了一个大盘子为客人分盛一小块芹菜。最重要的是，这次晚餐主厨的厨艺非常差，烹调的牛排又粗又老，马铃薯也非常油腻。

总之，我感到非常不满意，心里火冒三丈。但是，碍于朋友的面子我只能一直强颜欢笑，心中却气愤地对自己说：等我看见艾米，一定要痛骂他一顿。

这件事情发生在星期三，第二天晚上，我听了一场关于与人相处的演讲。

之后，我发觉自己犯了一个错误，那就是事情已经发生了，即便我痛骂艾米一顿也无济于事。如果我的批评太重了，反而会让他对我心生怨恨，并且以后再也不会真心帮助我了。

于是，我开始从艾米的立场着想：菜不是他采买的，也不是他亲自下厨，犯错的是那位侍者——侍者不了解高等宴会的流程，对于艾米来说，他根本没有任何错误。或许我把事情看得太严重了，所以才会这么愤怒。

所以，我决定改变自己的方式，我并不会批评和责骂艾米，而是打算采用友善的方法和他进行沟通。

首先，我决定以赞赏的方式作为开场白——而这种方法具有非常好的效果。

第二天，我把艾米叫了过来。显然，他早已经做好了准备，正愤愤不平地要和我争辩一番。我只是心平气和地说:"啊,艾米,你知道吗?如果我款待客人的时候,你能在一旁为我服务,那该多好啊!你是整个纽约最出色的管家,对我的帮助实在太大了。当然,我明白那些菜不是你采买的,你也没有烹饪那些食物,所以,那天的事情根本就不是你的错误,也不是你能够控制的!"

艾米听到这些话,脸色立即有所好转,他微笑地说道:"是的,夫人,问题出在那个侍者身上,那不是我的错。"

我接着说:"我准备再举行一次聚会,艾米,我非常需要你的帮助。那么你觉得,我们是不是应该再给那个侍者一次机会呢?"

艾米立即激动地说:"噢,当然,夫人。请您放心,我一定会处理好所有事情,绝不会再发生上次那样的事。"

第二个星期,我再次邀请几个朋友吃午餐。

艾米和我共同商议了所有的细节,并且设计好一份详细的菜单。他还主动提出减少一半的服务费,而我再也没有提起上次的失误。

我和朋友们非常享受这次聚会,餐桌干净整洁并铺着淡雅的桌布,还摆放着两束鲜艳的玫瑰。

这次聚会的规格非常高,艾米殷勤周到地服务客人,即使是宴请玛丽皇后也不过如此——午餐的菜肴美味可口,同时艾米带领着4位侍者在一旁热情周到的服务。宴会快结束时,艾米还亲自为客人准备了美味的甜点。

聚会结束后,我的朋友对艾米非常满意。她们惊讶地问我:"你的管家真能干,你究竟对他施了什么神奇的魔法?我从来没有享受过这样完美的服务,也从来没有见过这样热情周到的招待。"

客人说得没错,戴尔夫人的确对艾米施了魔法,那就是:友善的态度和真诚的赞赏。

多年以前,我还是一个天真烂漫的孩子,每天都要光着脚穿过密苏里州西北部的一片小树林,辛苦跋涉地到一个乡村学校念书。一天,我读了一则关于太阳与风的寓言:

太阳和风在争论谁的力量更强大。

风说:"我可以证明我的力量比你更加强大。你看见路上那个穿大衣的老人了吗?我很快就可以让他脱下那件大衣,到时你就知道我的厉害了!"

于是,当太阳躲进厚厚的云层后,风开始大力地刮起来,并且越刮越大,地上的树叶被刮起,所有的树都被吹得左右摇晃,几乎形成了一场飓风。但是,风吹得越厉害,老人把身上的大衣裹得越紧。

最后,风只能放弃了,不得不停了下来。

这时,太阳从云层后面钻出来,慢慢地释放自己的热量,对着老人和善地微笑。过了一会儿,老人的额头就布满了汗水,马上脱下了身上的大衣。

太阳真诚地对风说:"你应该记住,温和友善具有强大的力量,愤怒暴力永远也无法战胜它。"

童年读到的这则寓言故事给我留下了深刻的印象,也让我受益匪浅。不久之前,波士顿的一个小镇上发生了一件事情,它强有力地证明了这则寓言中的真理。

在当时,波士顿是美国文化、教育及历史中心,小时候我就非常向往那里,梦想着有机会到那里去看看。在我的演讲班上,有一位来自波士顿的医生B博士,这位学员为我们讲述了他亲身经历的故事:

当时,波士顿的各大报纸上刊登了很多招摇撞骗、违反规则的广告,其中包括专门为人堕胎的广告和包治百病的药品广告。

这些广告表面上是为了给人治病,但实际上是用那些骇人听闻的词句来诱导、恐吓那些病人,以便骗取那些无辜的受害者的钱财。

他们的治疗方法根本无法治愈病人,反而让很多病人丢掉了性命。但是,却很少有人被判有罪,他们往往只须花一点钱或利用背后的政治势力,就可以让自己脱罪。

这种情形越演越烈,无数无辜的病人被他们害得失去了生命。波士顿各个阶层的民众群情激愤，强烈地指责刊登污秽广告的报纸和那些草菅人命的庸医。传教的牧师愤怒地痛斥那些报纸，并祈求万能的上帝让那些报社倒闭。社会上的公共团体，包括商人、妇女团体、教会、青年团体等，都纷纷指责、抨击这种现象。

令人失望的是，这种现象没有一点好转的迹象。

在州议会中，议员们也展开了激烈的争论，希望可以将这种无耻的广告定为非法行为。但是，最后因为政治利益集团的干涉而不了了之。

当时，B博士正在波士顿最大的基督教联盟公民慈善委员会担任主席。在他的带领下，该组织之前千方百计地想要制止这种现象，但是都失败了。这场反对医界败类的斗争，好像几乎没有获胜的希望。

有一天晚上，时间已经到了深夜，B博士仍在思考如何解决这个棘手的问题。最后，他决定采用所有人都没有尝试的办法，那就是采用友善、同情和赞赏的方法，让那些报纸主动停止刊登那种广告。

于是，他给波士顿影响最大、销路最好的《波士顿导报》出版人写了一封信。在信中，他首先赞赏了这家报纸："长期以来，我一直坚持阅读《波士顿导报》，因为报纸做到了新闻真实、不追求刺激，最重要的是你们的社论非常精彩、非常有深度。我觉得，你们的报纸可以说是波士顿地区最出色的家庭报纸，也是全美国最完美的新闻读物之一。"

B博士接着写道："但是，最近我却遇到了一件令我困扰的事情。我的一位朋友有一个年幼天真的女儿，他告诉我说：'有一天晚上，我的女儿看到了《波士顿导报》上刊登的一则广告，那是一则有关堕胎专家的广告，并询问我这则广告的含义。老实说，我当时非常尴尬，不知道怎么向女儿解释这些污秽的词语。'

"你们的报纸是一份高端读物，所有波士顿有教养有文化的家庭都会阅读。如果这样的事情发生在我朋友的家中，那么，会不会同样发生在其他家庭呢？如果你也有一位这样年幼可爱的女儿，你愿意让她看到这种污秽不堪的广告吗？当她问你同样的问题时，你又该如何向她解释呢？

"贵报在各方面都非常完美，但令我感到遗憾的是，你们却愿意刊登这样低俗的广告。这样一来，一些父母为了保护自己的孩子，就不得不禁止孩子阅读这份报纸，或是拒绝再订阅你们的报纸。我相信，这不仅是我个人的想法，也是成千上万的读者共同的想法吧！"

这个办法果然非常有效。

两天以后，《波士顿导报》的出版人给B博士写了一封回信。这封信是在1904年10月13日写的，直到今天，

B博士已经保存了长达30多年。后来,他参加了我的演讲训练班,并且给我看了这封珍贵的信件。

现在,我就让大家来看看这一封信的内容。

亲爱的B博士:

本月11日,本报编辑部收到了您的来信,非常感激您的支持和建议。非常惭愧,这件事是我接管本报以来一直想做却未能实现的事情,而您的这封信,促使我下定决心来实行自己的计划。

下星期一开始,《波士顿导报》将全部删除一切不良广告,绝对禁止刊登各种医药以及堕胎等类似的虚假广告。而对于那些暂时不能完全取消的医药广告,本报编辑也将重新审查核实,绝对不会再让它招来非议。

非常感谢您善意的提醒,这让我受益匪浅,再度对您表示感谢,并希望您能继续不吝赐教。

海洛斯顿首

"一滴蜂蜜,比一加仑胆汁能捕到更多的苍蝇",如果一个人能认识到这个道理,那么在日常生活中,他就会用温和友善的态度来对待他人。

比如,在马里兰州路德维尔市有一位名叫盖尔·康纳的人,他的经历就证明了这句话的正确性。

有一次,康纳先生买了一辆新车,可是短短4个月之内,这辆新车竟然进了3次维修厂,每次都不能彻底解决问题。他在演讲培训班上对我们这样描述道:

> 很明显,不管我是跟维修厂的经理争论,还是愤怒地指责,他都无法很好地解决我的问题。
>
> 于是,我来到这家公司的汽车展销大厅,要求见他们公司的老板怀特先生。很快,怀特先生就命人将我带到他的办公室。首先,我客气地做了一番自我介绍,然后说:"我之所以买你们公司的汽车,是因为我朋友说你们公司的汽车质量不错。他们都是你们公司的老客户,认为汽车价格合理,而且员工服务也非常周到。"
>
> 怀特先生听完我的话之后,满意地微笑了起来。然后,我继续说:"可是我的汽车却出了问题,并且进了3次维修厂还不能彻底解决。我相信,你一定不愿意让这些小事损坏你们公司的声誉吧?"
>
> 怀特先生非常真诚地对我表示遗憾,并且保证一定尽快解决我的问题。最后,他不仅亲自解决好了我的问题,而且还在我的汽车送进维修厂期间,把自己的车借给我使用。

伊索是古希腊最伟大的寓言家，也曾是萨摩斯岛雅德蒙家中一名低贱的奴隶，在公元前600年左右，他曾经讲述过许多著名的蕴含着人性真理的寓言。直到现在，这些真理在波士顿和伯明翰仍然非常适用，正如它适用于2500年前的希腊一样。

太阳比狂风更容易让你脱下大衣，友善、慈爱及赞赏远远比任何强权暴力更容易让人赞同你的想法。请记住林肯强调的那句格言："**一滴蜂蜜，比一加仑胆汁能捕到更多的苍蝇。**"这也可以作为第四条原则来看待。

5. 一开始就让对方说"是"

在与人交谈时，我们应该在开始就谈论双方意见一致的事情，而不是一开始就讨论双方意见存在分歧的事情，然后再强调双方追求的共同目标。我们应该让对方知道，双方的目标是一致的，只是所采用的方法不同而已。

我们应该让对方在最开始的时候就赞同你的想法，不断鼓励他说"是"，尽量避免让他说"不"。

奥弗斯德教授在他的著作《影响人类的行为》一书中写道:"一个'不'字是一个人最难克服的障碍。当他说出第一个'不'之后,他就必须为自己的自尊心坚持到底。后来,他也许会发现自己说'不'是错误的,但是,他必须维护自己的自尊心而反对你!

"一旦他第一句话就否定你的意见,那么他就会固执己见。所以,一开始就让人说'是',这在人际交往中显得更加重要。善于讲话的人通常在谈话一开始就让对方说'是',从而让对方的心里更加倾向于支持你的观点。

"这就如同打棒球一样,人们很容易就可以把球击向前方,但是,如果想要让球沿着某方向反弹回来,那就是非常难的技术动作了。"

这是一种非常明显的心理模式,当一个人嘴上说"不",而且内心也倾向于否定意见时,那么,他在心理上就会一再强化这个否定的意念。这时,他全身的各个组织器官就会全部紧张起来,包括腺体、神经系统、肌肉等组织都会进入抗拒状态,同时全身常常伴有细微的、随时可见的收缩状态。

换句话说就是,这个人的整个神经和肌肉系统都会处于一种防备抗拒的状态。

与此相反的是,当一个人说"是"的时候,他全身的组织器官就会处于放松、接受和开放的状态。所以,如果我们能在开始的时候就让对方说更多的"是",那么,我们就更加容易让对方赞同我们的观点。

这是一种非常简单的、却极易被人忽略的方法。一般来说,很多人一开口就先反驳他人,好像这样才能得到一种自重感。当思想激进的人碰上思想守旧的人时,气氛就会立刻变得剑拔弩张起来。

但是说实话,这样对双方又有什么益处呢?如果这样做能让他获得一些快乐和刺激的话,或许还能让人理解,但是,如果他想让别人硬性同意他的想法,那从心理角度来说,这实在是非常愚蠢的行为。

如果你一开始就让身边的学生、顾客、孩子、丈夫或妻子说"不",那恐怕使出浑身解数也无法改变他们的态度,更无法让那种绝对否定的态度转变为肯定的态度。所以,我们应该想办法让别人说"是",并且逐步让他们同意我们的意见。

詹姆斯·艾伯森在纽约格林尼治储蓄所担任出纳员,正是运用了这种方法,他成功地说服了一位固执的客户,并且为自己赢得了这笔生意。

"这个客户想要开一个账户。"艾伯森说,"我按照规则让他填写一些表格,其中有些问题他很快就完成了,可是却拒绝填写其他一些关键信息。"

如果我没有学习与人相处的技巧，我可能会这样对这位顾客说："先生，不好意思，如果您拒绝向银行提供这些材料，那么，我们无法为您开户。"

其实，我以前经常犯这样的错误，而现在，这让我感到非常惭愧。

虽然那样的说话方式可以让我显示出权威：这里只有我才是说话算数的人，银行的规章制度不是能随意违反的。但是，那样的态度会令客户感到反感，并且会损害我们银行的良好声誉。

所以，我决定改变自己的方式，让那些来我们银行的客户感到受人欢迎、受人重视的感觉。

那天早晨，我决定采用在训练班所学到的方法，不谈银行的规矩，而是真心为顾客的需要着想。最重要的是，我下决心让他从一开始就肯定我的观点。所以，我告诉他，他拒绝填写那些材料完全是有理由的，因为那些资料好像也没有什么用。

接着我说道："不过，您把钱存入我们银行里，如果哪一天您不幸出了意外，您是否希望银行把您的存款转给有权继承的家人呢？"

"是的，当然希望这样。"他立即回答说。

我马上说道："那您就应该按照我们银行的要求把表格填好，如果不告诉我们你最亲近的家人资料，我们怎么能准确无误地将您的存款转给他们呢？其实，这也不是非常麻烦的事情，是吧？"

他回答说："是的。"当他明白表格上的信息并不是为了侵犯他的隐私，而是为了他的利益而着想时，他的态度马上就软化下来，并同意按照我的要求去做了。

在离开银行之前，他不仅将这些表格资料填写完整，还根据我的建议新开了一个信托账户，指定他的母亲作为最终受益人。最重要的是，他非常愿意填写关于他母亲的各种资料。

"我发现，当我让他从开始就说'是'的时候，他抛弃了我们之间的分歧和争执，并且愿意听从我的建议做事。"艾伯森最后总结道。

我们再来看下面的事例：

西屋电气公司的推销员约瑟夫·爱立森是我训练班上的一名学员，他对我说："在我负责的区域有一家大型公司，公司的推销员想尽办法想把公司的发动机推销给他们。我之前的推销员想了很多办法，但是用了10年时间都没能成功。"

当我接管这片区域以后，我继续努力争取了3年，同样没能签订一份订单。最后，经过13年的努力之后，我们只卖给了他几台发动机而已。我希望这些发动机永远都不出毛病，这样，我们公司才能获得他的信任，并且有机会再得到几百台的订货单。

我相信公司的发动机绝不会出现任何毛病，所以，过了3个星期后，我非常高兴地去拜访这家公司的总工程师，想谈谈进一步合作的事宜。

可是我并没有高兴太久，因为那位总工程师看到我，就严肃冷漠地说："爱立森，我绝不会再购买你们的任何一台发动机了。"

我非常惊讶地问："为什么？我们的发动机出了什么问题吗？"

他非常气愤地说："因为你们公司的发动机温度太高了，我的手都不敢放在上面。"

我知道，如果现在和他辩论反而会激怒他，对于解决问题没有任何帮助。因为以前我已经尝试了很多次，所以，我想采用新学到的方法，一开始就让他肯定我的说法。

我说："史密斯先生，我完全同意你的看法。如果我是你的话，我也不愿意购买那些工作起来过热的发动机。当然，你也绝对不会购买不符合国家电气制造协会标准，并且过度发热的发动机，对吗？"

他回答说："是的，我当然不会。"

"电气制造协会规定，一台合格的发动机不能超过室内温度华氏72度,是吗?"

他赞同地说道:"的确是那样的,但是你的发动机已经超过了这个温度。"

我并没有和他争论,而是继续问道:"你的厂房室内温度是多少?"

他想了想说:"华氏75度左右。"

我回答说:"好了,我们计算一下,如果厂房的温度是华氏75度,再加上发动机自身的华氏72度,那么,发动机的表面就有华氏147度。如果你把手放进华氏147度的热水中,会不会感到非常烫?"

他尴尬地回答说:"会的。"

于是,我建议说:"既然这样,只要你不把手放在发动机上不就好了?你说对吗?"

他坦诚地说:"对,我想你说得对。"

我们又交谈了一会儿,谈到其他关于发动机的问题。最后,他把秘书叫到办公室,又和我签订了一笔价值高达3.5万美元的货单。

爱立森感慨地总结道:"我和之前的同事浪费了13年的时间,并且少收入了不少的钱,最后才明白了这样的道理:争论对于解决问题毫无用处,我们只有从他人的立场来思考问题,让他不断地说'是',才能获得更大收益。"

苏格拉底是古希腊最伟大的哲学家，也是非常有趣的人。他经常赤脚走路、不修边幅，就像是一个有趣的老小孩。在他40岁的时候，头发几乎都掉光了，却和一位19岁的年轻女子结了婚。

虽然他在生活中不修边幅，但是他的哲学思想却无人能及，他彻底改变了人类思想的进程和思考的方式。现在他已经死去了2300多年，但是，他仍被人们誉为世界上最伟大的劝导者之一。

他是怎么做到的呢？是不是直接指出别人的错误？不，苏格拉底绝不会那样做，他懂得与人交往的技巧，怎么会犯如此愚蠢的错误？

苏格拉底的处世技巧和劝导方法，现在被人们称为"苏格拉底辩证法"，这个方法就是以获得"是的，是的"反应作为根据的。

他提出的问题总是可以获得反对者的同意，在获得一个又一个的肯定"是"之后，他就可以让对方不知不觉地放弃原本坚持的观点，从而接受他的建议。所以，几分钟前还反对苏格拉底的人，在他一步步地引导下，逐渐同意他的看法。

如果我们下次要指出别人的错误时，千万要记住"不穿鞋的苏格拉底"以及他的绝妙方法。首先，你应该提出一个温和有礼的问题，让对方不断地说"是"，这样才能顺利地解决问题。

中国有一句名言:"轻履者行远。"这句话富有哲理性,也体现了东方人的智慧。意思是说,卸下身上压力的人才能走得更远。中国人用了5000年的时间来研究人类的天性,所以,其智慧和学问都极其广博,同时也积累了极其丰富的人生经验。

所以,如果你想要赢得他人的认同,请记住第五条原则:**应该学会一开始就让他说"是"**!

6. 让别人多说话

大多数人想要赢得别人的赞同,却总是适得其反,因为他们自己说的话太多了。尤其是作为一个推销员,时常会犯这种愚蠢的错误。

尽量让对方畅所欲言,因为他们对于自己的需要总是比你了解得更多。所以,不妨主动向他们提出问题,让他们说出自己内心的需要和欲望。

或许你不同意他的观点,并且想要打断他的话。一定不要这样做，那将是非常危险的行为。因为当他还有很多意见想要表达的时候，他根本不会注意和接受你的观点。所以，我们要有耐心和宽容心，并且静下心来倾听别人讲话，更要真诚地鼓励对方畅所欲言。

在商业上，这种策略有很好的效果吗？我们来看看这个例子，这是一个汽车坐垫制作公司主管所经历的事情：

几年前，美国最大的汽车制造公司想要购买下一年度所需要的汽车坐垫布，于是举办了一次厂家洽谈订购会。三个重要的厂家都想方设法要争取到这笔生意，并且都做好了垫布的样品。

汽车制造公司的检验员对这些样布进行了详细检验，并发通告给各厂家，邀请他们的代表参加最后的竞争，以便本公司做出最后的判定。

其中一个厂家的业务代表R先生参加汽车公司的洽谈会议时，正好患上了严重的喉炎。后来，R先生在我的训练班上讲述了自己的经历：

当我参加会议时，嗓子非常沙哑和疼痛，只能发出嘶哑的声音。我进入了会议室，在场的有汽车公司的纺织工程师、采购经理、推销经理以及总经理。

我站起来想尽力发出声音，却几乎说不出一句话。我只好拿出一张纸写上这样一句话："各位，不好意思，我的嗓子完全哑了，说不出话了。"

这时，该公司总经理说："既然这样，让我替你说吧。"他开始站在我的角度说话，向所有人展示了我的样品，并逐一指出它们的优点。接下来，针对所有样品的优、缺点，在场的职员展开了一场激烈的讨论。

由于那位总经理是我的发言人，所以在这场讨论中，他始终为我说话，并且站在我的立场上发表意见。而在整个过程中，我除了保持微笑之外，只能不断地点头以及再做几个简单的手势。

结果，我拿到了这笔大订单，汽车公司跟我订购了50万码的坐垫布，总价值高达160万美元。这是我的整个推销员生涯中，获得的最大一笔订单。

我知道，如果我的嗓子没有出现问题，恐怕就会失去这笔订单。因为，我当时的想法完全是错误的，我总是想为自己说更多的话，而不是让对方畅所欲言。

通过这件事，我发现让别人多说话是多么重要的做法，它不仅让我们获得很多帮助，还可以赢得别人的尊重。

这里还有一个典型的例子：

约瑟夫·韦伯是费城电气公司的负责人，他也有这样的经历。当时，韦伯先生前往宾夕法尼亚州考察一个富裕的荷兰移民区，看看该公司的产品是否受欢迎。

他们经过一家管理良好的农场时,韦伯先生问该区的代表:"为什么这个农场的人不使用我们的电器呢?"

那位区代表非常厌恶地回答说:"这些人都是守财奴,你根本不要奢望能卖给他们任何东西。他们对公司的态度非常不友好,我已经尝试过了,结果遭到了他们的拒绝。"

或许这可能没有任何希望,但是韦伯决定再尝试一次,所以他来到一户农家的门前,并敲响了这家的房门。过了一会儿,大门只打开了一道小缝,女主人屈根堡夫人探出头来。

韦伯告诉我接下来发生的事:

当屈根堡夫人看见该区的代表时,立即当着我们的面重重地关上了门。我感到非常惊讶,于是再次敲门,她很久才把门打开。这次,她开始毫不客气地批评我们公司的推销员以及我们公司的产品。

我真诚地说:"屈根堡夫人,非常抱歉打搅了你。但是我这次并不是向你推销电器的,我只想买一些新鲜鸡蛋。"

她把门稍稍打开一些,从里面探出头来,并且很久都没有说话,只是用质疑的目光看着我。

我接着说:"我看到你饲养了很多品种优良的多明尼克鸡,我想买一些新鲜鸡蛋。"

门又打开了一点,她还是有些怀疑地问道:"你怎么知道那些鸡是多明尼克鸡?"我回答说:"因为我自己也养了一些鸡,但是坦白地说,我从来都没有见过这样优良的多明尼克鸡。"

她仍抱有怀疑的态度,好奇地问道:"那你为什么不吃自家鸡下的鸡蛋?"

"因为我饲养的是来亨鸡,它们只能产下白壳蛋。你是一位烹调高手,当然知道棕壳蛋要比白壳蛋好得多。我妻子非常喜欢做蛋糕,经常为自己的手艺感到自豪。"

直到这时,屈根堡夫人才放下防备心理,完全打开了大门,并且态度也变得温和起来。同时,我也四处打量着整个院子,发现在院子里有一个非常整洁的牛棚。

我接着称赞她说:"屈根堡夫人,我敢打赌,你养鸡赚的钱肯定比你丈夫养奶牛赚的钱还要多。"

听了这话,她感到非常高兴,因为我说的都是事实。她非常骄傲地向我承认了这一点,可是她有点无奈,她的丈夫是一个典型的老顽固,根本不肯承认这一事实。

接下来,她邀请我们参观了她的鸡房。

参观时,我留意到她制造了很多小器械,我又真诚地称赞了这些小器械,赞美了她的手艺和技术。后来,我告诉她一些关于食料及温度方面的知识,并且就养鸡的问题征求了她不少建议。

这段时间里,我们交谈得非常愉快,还交换了很多关于养鸡的经验。

当我们准备离开时,她说她有几位邻居都在鸡舍中安装了电灯,效果好像非常不错。然后,她向我征求意见,是否也需要采取同样的方法。

结果你已经想到了,两个星期以后,屈根堡夫人在鸡舍中安装了电灯,那些优良的多明尼克鸡在光照下满足地自由活动。我最终获得了这笔订单,而屈根堡夫人也获得了更多的鸡蛋。试想,如果我当初无法让她说服自己,那么我永远也无法把电器卖给她。

事后韦伯说:"我们不能直接向这种顽固的人推销产品,必须让他们自己主动来买你的产品。"

让对方畅所欲言,不仅可以让推销员轻松获得订单,而且对于处理家庭中的一些纠纷也有很大的帮助。我们且看下面这个例子:

最近,芭芭拉·威尔逊和她的女儿洛瑞之间的关系越来越紧张,甚至有继续恶化的态势。

以前,洛瑞是一个乖巧可爱的小女孩,可是等到她十几岁的时候却经常喜欢与母亲作对,不是与母亲争论就是为自己的行为辩解。威尔逊夫人想了很多办法,包括批评、教训和威吓等方式,但是都没有任何效果。

威尔逊夫人在我的训练班上这样告诉我们：

有一天晚上，我几乎想要放弃去改变洛瑞，因为洛瑞根本不听我的话，还没有做完家务活就找她的朋友玩。

当她回家的时候，我就想像平常一样大骂她一顿，但是，当时我感觉好像全身都没了力气，于是非常伤心地对她说："洛瑞，你为什么要这样对我？"

洛瑞可能看出了我的痛苦和失望，她非常平静地反问我："你真的想知道为什么吗？"我伤心地点点头。于是她说出了自己的不满："你从来没询问过我的意见，总是命令我应该这样做而不应该那样做。当我想和你谈心时，你总是不耐烦地打断我，接着给我更多的命令和指责。"

这时，我才意识到，其实女儿非常需要我——一个亲密友好、彼此倾听心事的朋友，而不是一个发号施令、武断的母亲。我真的错了，我从来没有尝试倾听她的烦恼和郁闷，也没有心思听她说自己喜欢做的事情。当我在应该倾听的时候，却只顾说我自己的想法。

从那以后，我总是给她说话的机会，并且让她畅所欲言。我们成为了最亲密的好朋友，她向我倾诉她的心事，我也征求她的意见。现在，我们的关系得到了很大改善。

所以说，让对方说话，永远比自己说话更有益。

最近，纽约《先锋导报》经济专栏刊登了一则巨幅广告，某家大型公司想要聘请一位能力出色和经验丰富的职员。查尔斯·科勃利斯决定应聘这个职位，就把自己的应聘资料寄给了这家公司的信箱。

几天以后，他接到了这家公司的面试电话，邀请他到公司面谈。

在面试之前，他做了充分的准备，花了很多时间到华尔街打听那个老板的详细资料，包括人生经历、爱好、兴趣等情况。

当他见到公司老板时，主动并真诚地说道："您有着非凡的经历，如果能在这家公司工作，我将感到非常自豪。我听说您在28年前创建这家公司时，可以说是一无所有，只有一张桌子、一间办公室和一位速记员。这些都是真的吗？"

几乎所有的成功人士都喜欢回忆当年的创业奋斗史，这个老板也不例外。于是，他开始回忆自己艰苦创业的经历，包括他是如何靠着450美元发家的，还包括他遭遇的失败和挫折，以及他富有创意的创业思想。

他还讲到了自己遭遇的失望、讥笑与痛苦，如何每天废寝忘食地工作，如何为了公司的发展而努力，以及如何战胜所有的厄运。

现在，他获得了非常大的成就，就连华尔街的一些要员都会向他求教,因此他为自己的过去感到非常自豪。

最后,那个老板简单地询问了科勃利斯的工作经验,然后叫来了一位副经理,交代说:"我想,这位就是我们需要的人才。"

科勃利斯很容易就获得了这个职位,那是因为他曾经花费很多时间去调查那个老板的成就,并且对他的奋斗经历表现出很大的兴趣。他没有费尽心思介绍自己的才华和能力,而是让那位老板多说话,所以,这给对方留下了良好的、深刻的印象。

很多人都懂得这个道理,并且善于运用类似的方法来处理自己遇到的问题,加利福尼亚州圣克拉蒙多市的洛伊·布莱德雷就是其中一员。他懂得倾听的妙处,并且成功地让一个员工来负责他公司的某项工作。

在我的训练班上,洛伊对我们讲述了这件事情:

理查德·普雅尔是一位非常出色的员工,并且具有丰富的经验来担任这项工作。我的助手先是找他交谈一番,并且把这项工作所有的困难和不利之处都告诉了他。

当我把他叫来办公室时,他好像无精打采的样子,并且对这项工作并不感兴趣。我只好引导他分析一些有利的因素,就是我们公司需要一个独立承包商——实际上,他是一个可以独立做主的老板。

当他分析了这项工作的有利之处后，便抛弃了所有不利的想法。在谈话过程中，我引导他多说话，让他多发表自己的意见，最后他终于说服了自己，并决定接受这项工作。

洛伊最后总结道："因为我是一个合格的听众，让理查德有机会畅所欲言，所以，他在分析利弊之后做出了非常有利于自己的决定。这也是他对自己的一次挑战，之后他成为我们公司最出色的代表。"

事情就是这样，即便我们和自己的朋友交谈，他们也更愿意谈论自己所取得的成就，而不愿意听我们夸耀自己过去的成就。

法国哲学家罗什福科说："如果你想与别人结仇，那你就想办法比别人表现得更出色吧！但是，如果你想要获得别人的友谊，那就要想办法让你的朋友表现得比你更出色。"

为什么这样说呢？因为当我们的朋友比我们更出色时，他们就会获得一种自重感。但是，当我们超过自己的朋友时，就会让他们产生一种自卑感，并让他们产生猜忌与妒忌的心理。

亨丽塔女士是纽约市中区人事局的工作介绍顾问，现在，她与所有同事都保持着最融洽的人际关系，但是过去的情况并不是如此。

亨丽塔刚到人事局时,过了好几个月都没有交到一个要好的朋友。为什么会这样呢?因为她每天只顾着夸耀自己,比如她取得了哪些业绩、炫耀自己在银行新开的户头,甚至炫耀生活中的每一件小事。

后来,亨丽塔参加了我的培训班,在班上对大家描述道:

我的工作业绩确实不错,我一直为此感到自豪。但是我的同事却不这样认为,他们不仅不愿意分享我取得的成就,而且好像还非常不愉快。我渴望与这些同事交朋友,并且渴望得到他们的认同。

在我参加演讲训练班之后,学习了与人相处的技巧,认识到了这种方法的重要性。于是,我开始避免谈论自己的事情,而多多鼓励同事讲述他们自己的事情。

其实,他们也有很多值得炫耀的事情,当他们讲述自己的事情时,比听我说自己的事情更感兴趣、更高兴。现在,每当我们在一起聊天时,我总是鼓励他们讲述自己的成就,让我分享他们的快乐。只有他们询问我时,我才讲一些自己的情况。

德国有一句俗语:"最大的快乐,就是从我们所羡慕的强者身上发现弱点,从而获得心理上的满足。"

不错,与那些成就相比,某些朋友会从你的挫折中获得更大的满足和快乐。所以,我们应该保持谦虚谨慎的态度,避免夸耀自己的成就,这样才能让别人永远喜欢你。

埃文·考伯就懂得这个道理。有一次,一位律师在证人席上询问考伯:"考伯先生,我听说你被人们誉为美国最著名的作家,是吗?"

考伯却谦虚地回答说:"您太夸奖我了,我不过是徒有虚名罢了。"

我们应该保持谦虚的态度,因为我们每个人都没有什么了不起的地方。我们每一个人终有一天都会死去,几百年后,可能没有一个人会记得我们。

生命如此短暂,我们不应该过分在意自己那些小小的成绩,这会让人感到厌烦。相反,我们应该鼓励别人畅所欲言,让他们多讲自己的事情,你会获得意想不到的效果。仔细想想,其实我们也没有多少可以吹嘘的东西。

你知道是什么东西让你避免成为白痴吗?其实,这并不是什么珍贵的东西,而是你甲状腺中只值5美分的碘而已。如果医生切开了你的甲状腺并且取出那些碘,那么,你就会变成白痴了。

花5美分就可以在任何一家药店买到这些碘,那么,你还有什么可以值得吹嘘的呢?

如果你想要让别人同意你的观点,那么,请记住第六条原则:**让别人多说话,并且多多倾听别人所说的话。**

7. 与他人合作的秘密

每个人都喜欢按照自己的想法去做事,没有人喜欢被别人命令和强迫。如果想要与别人合作,就必须猜透他内心最真实的想法,不能让他感觉自己是被强迫的。想象一下,如果这个好办法是你自己想到的,而不是别人强加给你的,你是不是有强烈的欲望想要实现它呢?

我们应该学会换位思考,既然你不想被别人强迫,那么,你为什么还想把自己的意见强加给别人呢?

我们应该巧妙地给他们提意见,引导他们积极地发表自己的结论,这才是最明智的做法。

阿道夫·塞尔茨是我的一位学员,他的经历正好证明了这一点。

塞尔茨是费城一家汽车销售公司主管,最近他发现一些汽车推销员的情绪非常低落，工作态度也十分消极。这可不是一个好现象，于是，他决心给这些推销员打打气。

塞尔茨召集所有的推销员召开了一次动员会，会议上，他鼓励大家积极发表自己的意见，并且让他们说出希望在老板身上获得些什么。

推销员都积极踊跃地回答问题，塞尔茨把大家的答案都写在黑板上，然后说："我会努力按照大家所希望的去做，并且努力达到你们所希望的那样。现在，你们可不可以告诉我，你们打算用什么样的品质来回报我呢？"

之后，推销员再次给出了答案，那就是忠诚、诚实、积极、进取、团结、勤奋等，还有人表示每天可以工作14小时。动员会议结束之后，推销员果然呈现出全新的精神面貌，每个人都充满了热情和活力。

在自我激励的影响下，汽车公司的业绩直线上升。

事后，塞尔茨对我说："这次会议，其实是我们之间精神上的交流，也是一种平等利益的互换：我真诚地对待他们，努力做到他们所希望的那样，而他们也努力提高工作业绩来回报我。我引导他们说出自己所需要的和内心的真正想法，这无疑给他们打了一针兴奋剂。"

没有人喜欢被人强迫买东西或做事情，我们总是喜欢按照自己的意愿去做事。如果有人重视我们的想法和感受,那么,我们就会感觉受到别人的尊重。

尤金·威森直到损失了很多金钱之后才明白了这个道理。他是一家服装图样设计公司的推销员,主要客户是那些服装设计师和纺织品制造商。在过去的3年里,威森每周都去拜访纽约的一位著名服装设计师,但是每次都碰壁而归。

威森在学习人际关系课程前和学习后的情况是这样的:

服装设计师总是非常认真细致地看威森的样本图,然后拒绝他说:"威森先生,很抱歉,这次我还是不能接受你的样本图。"

这样的情况发生了无数次,所以,威森下决心去学习与人交往的说话技巧。。

不久后,他带着几张未画完的样本图再次拜访那位设计师。他对服装设计师说:"如果您不介意,我想请您帮我解决一个问题——这些样本图都没有完成,我想请教您,怎样做才能更好地符合您的需求。"

服装设计师仔细地看了看样本图,然后说:"威森,你把图样放在这里吧,我过几天再给你意见。"

几天后,威森再来拜访,设计师果然给他提出了几点意见。威森拿着这些样本图回到画室,按照设计师的意见进行了修改。结果，这次他成功了，那位设计家完全接受了他的图样。

后来，这位设计师先后从威森手中购买了很多样本图，这些样本图都是按照他自己的意见设计的，而威森也从中赚取了1600多美元的佣金。

经过这件事情，威森对我说："现在，我终于明白了自己过去失败的原因。过去我总是强迫他买我的样本图，而现在我再也不会那样做了，我引导他说出自己的想法，就好像那些图样都是他自己设计的一样，他自然不会拒绝我了，现在还主动来买。"

西奥多·罗斯福在担任纽约州长的时候，曾创下一个无人能及的功绩，那就是：他不仅和各政要人物都保持着良好的关系，而且几乎没有人反对他推行的改革提案。

我们来看看他是怎样做到的。

每次需要任命某个重要职位的时候，罗斯福都会征求各政要人物的意见，并且请他们推荐自己认为合适的人选。罗斯福如此描述道：

一开始，他们推选的人才并不出色，于是，我就建议他们再考虑一下其他人选。

不久后，他们又会推选出一个资格老的党员，我就说民众可能不会喜欢这样平庸、没有业绩的老好人,并且请他们再考虑一下是否还有更合适的人选。

第三次的时候,这些政客推荐的人比前两次都好一些,但仍不是最佳人选。

这时候,我就会真诚地感谢这些政客的积极努力,然后请他们再筛选一下更出色的人选。最后,经过几次筛选之后,他们终于提到了我认为最合适的人选。

我再次感谢他们为政府推选了这么优秀、合适的人才,然后任命第四个人担任了这个重要职位。然后,我就会对他们说:"既然我任命了你们推选的人才,那么,你们也应该答应我的要求。"

就这样,罗斯福提出的文职法案和特别税法案等改革方案得到了各政要的一致赞成,而这也就是他最想要的结果。

所以,我们应该懂得一个道理,我们应该尽量征求别人的意见,并且尊重别人提出的意见。即便这个主意是你想出来的,也要让别人觉得这就是他们自己的意见。

在生活中,很多人都懂得这个道理,并且运用这样的办法去解决问题。长岛有一位汽车销售商,就是利用了相似的方法,成功地把一辆二手汽车推销给一位非常挑剔的苏格兰人。

这个苏格兰人喜欢吹毛求疵,汽车销售商给他推荐了各式各样的车,但是没有一辆让他满意——不是抱怨这辆车价格不合适,就是抱怨那辆车不实用。

这位汽车销售商已经束手无策了,为了拿下这个挑剔的顾客,他只能征求我的意见。

我对他说:"你应该避免直接告诉这个苏格兰人应该买哪种汽车,而是应该询问他需要什么样的汽车、喜欢什么样的汽车。同时,你应该让他感觉到自己掌握了主动权,感觉自己的意见得到了尊重。"

汽车销售商觉得我的话非常有道理,于是就决定改变自己的销售方法。

这时,有一位顾客来拜访汽车销售商,说想卖掉自己的二手车再买一辆新款车。汽车销售商突然意识到,或许这个苏格兰人会喜欢这样的二手车。于是,他立即打电话给这个苏格兰人,请求他帮自己一个忙。

当苏格兰人来到他的公司时,汽车销售商非常真诚地对他说:"我知道您对于汽车非常在行,您可不可以帮我试试这部车,看看它的性能好不好,并且评估一下它值多少钱。"

苏格兰人非常高兴地接下了这个任务,因为他觉得自己受到了尊重,感觉到了自己的重要性。于是,他启动车子直接向皇后大道驶去，然后从牙买加区一直绕过弗洛里斯特山，最后才回到汽车销售公司。

他下车后就说："这辆车还比较不错，如果你能用300美元买回来，就算是赚到了。"

汽车销售商趁机问道："你是否喜欢这辆车？如果我收你300美元，你愿意买下来吗？"

当然，这个苏格兰人非常愿意，因为这300美元的价格可是他自己提出来的，当下他就决定买下这辆二手车。

这个方法不仅仅适用于政坛和商场上，同样适用于家庭生活中。俄克拉荷马州图萨市的保罗·戴维斯就说服了家人，一起度过了愉快的假期。他向我讲述了自己的经历：

多年以来，我一直希望能完成一次伟大的旅行，游览欣赏美国东部各州的名胜古迹和历史名城遗址，比如葛底斯堡的战场遗址、费城的独立厅、法吉谷、詹姆斯高台、保留威廉土堡殖民时代风貌的古老村庄，还有美国首都华盛顿，等等。最后，我和家人们终于实现了这个梦寐以求的心愿。

但是在最开始的时候，我和太太南希的意见发生了分歧。

南希在今年3月提出了一个暑期游览计划，这个计划正好和我的计划相反。她希望我们全家能到西部地区旅行，包括游览新墨西哥州、亚利桑那州、加州和内华达州的名胜古迹。这些也是她一直梦寐以求的地方，可是我们一家人又不可能分开行动，并且没有多余的时间既去东部又去西部。

这时，正上初中的女儿安妮就成了关键人物，她的选择会决定我们将要去的地方。因为她刚刚学完美国历史，非常了解一些关于美国建国初期的事情，于是我就问她，想不想身临其境地了解那些只能在书本上看到的地方。

安妮听了之后非常兴奋，于是我就答应她："那么，下次度假的时候我带你游览那些著名的历史名胜！"

最后，我太太南希也同意了我的计划："如果大家没有其他意见，那么，我们暑假就到东部各州旅游吧！这次旅游对安妮肯定有很重要的意义，大家也会非常高兴。"

所以，如果我们想要获得别人的赞同，就应该运用巧妙的方法改变别人，而不是把自己的意见强加于人。

一位X光机械设备制造商也善于运用这种方法，成功地与布鲁克林最大的医院签下了一笔订单。

这家医院想要扩大医院的规模，并且建造全美国最好的X光透视科室，而这项工作的负责人是X光科室的罗大夫，于是，很多推销X光机械设备的推销员都缠上了他。

推销员拼命地想要说服罗大夫购买他们的设备,并且夸耀自己的设备有哪些好处与优势。

与这些死缠烂打的推销员不同,有一位推销员非常聪明且有头脑,他很善于抓住人性的弱点。他给罗大夫写了这样一封信:

尊敬的罗大夫:

我们公司最近新研制了一套 X 光机械设备,现在仓库中正好存放了一台样品。我们的设备采用了最新技术,不过可能还有些地方不完美,我们准备改进一些技术上的细节问题。

如果您有时间的话,希望您能抽时间指导我们一下,让我们的机器更精确、更符合实用性。如果您工作比较忙碌,我们会派专车去接您。

在此,我先向您表达最真诚的谢意。

罗大夫收到这封信后,对同事们说:"我看到这封信后感到非常惊讶和感动,因为我感觉自己受到了尊重——从来没有一家 X 光设备制造商征求过我的意见,他们只是一味地强迫我买他们的设备。

"虽然我那段时间非常忙碌,不过我还是去看了他们的机械设备,甚至特意取消了一次约会。

"当我仔细试用他们的样机时,觉得他们的设备功能非常精良,我很满意。虽然他们并没有向我推销这套X光机械设备,但是我觉得这套设备就是我想要购买的,最后我和这家公司签订了订购合同。"

爱默生曾经说:"天才的每项发明和创造,其实有些点子是别人曾经想过的,但别人却轻易地放弃了,只有把这个点子最终实现的人,才是世界上最了不起的天才。"

威尔逊总统执政期间,爱德华·豪斯上校是威尔逊的得力助手,在国内外事务中给予了威尔逊很大的帮助。所以,威尔逊非常信任和重用他,有时候威尔逊甚至认为他的意见比自己内阁的意见还重要。

豪斯上校究竟是如何获得威尔逊如此重视的呢?亚瑟·D.史密斯是《星期五晚邮》的记者,他曾经访问过豪斯上校,并且询问他成功的原因。

豪斯上校是这样说的:

根据我多年的经验,如果想要改变总统先生的想法,最重要的就是引导他对你的意见感兴趣,让他自然地思考这个意见的可行性。我也是在很偶然的机会下,才知道了这个道理。

有一次,我向总统先生提出一项政策,当时他对这个提议并不非常感兴趣。出乎意料的是,几天之后他竟然提出了我的那个提议,并且把这个提议当成是自己的想法。

我一定不会这样说:"总统先生,这个提议是我提出的,这可不是你自己的主意。"我绝不会和威尔逊总统争论,只要自己的提议被肯定就好了。重要的是,只要这项政策能够推行,我甚至愿意让别人认为这就是威尔逊总统自己的想法。

每个人都有弱点,威尔逊总统也不例外。

在生活中,我们遇到的大多是普通人,身上自然会有这样那样的弱点,我们不应该当众损伤别人的面子。当我们想要别人赞同自己时,不妨学习像豪斯上校那样巧妙地处理问题。

现在说一个我自己的亲身经历吧!

几年前,一个新不伦瑞克人就成功地向我推销了他的营地。当时,我计划前往新不伦瑞克钓鱼、划船,于是给当地的旅游局写了一封信,了解当地的露营情况。

结果,我不小心泄露了自己的名字和联系方式,各个露营区负责人给我邮寄了很多景区介绍信、旅游手册和宣传单等资料,这么多资料让我看得眼花缭乱,不知道该选择哪一家营区。

有一家露营区的负责人非常聪明,他并没有给我邮寄景区资料,而是给我提供了几位纽约顾客的名字和电话号码,让我自己去询问他们露营的感受。

出乎意料的是,我竟然在这份名单上发现了我的一个朋友。于是,我立即打电话给这位朋友,询问他对这家露营区的看法。得到满意的答复后,我立即就决定选择这家露营区,并且告诉了该露营区我的行程安排。

很多推销员在推销产品的时候,都喜欢把自己的观点强加于客户身上,所以,当有一个人让我自主选择的时候,他就获得了我的信任和订单。

早在2500年前,中国的思想家老子就曾说:"江海所以能为百谷王者,以其善下之,故能为百谷王。是以圣人欲上民,必以言下之;欲先民,必以身后之。是以圣人处上而民不重,处前而民不害。"

这句话的意思是,海纳百川是因为它善于处在低下的地方,所以才能成为百川之王。因此,圣人要想领导人民,就必须保持谦卑的言语;要想领导人民,就必须把自己的利益放在他们的后面。所以,高尚的圣人虽然地位居于人民之上,而人民并不感到负担沉重;居于人民之前,而人民却感觉不到伤害。

因此,要是你想得到别人的认同,请记住第七条原则:**应该让别人感到这是他自己的决定。**

8. 从别人的观点看问题

我们应该尝试着理解别人，从别人的角度来思考问题，这样可以带来很大的帮助，不仅可以帮助你获得事业的成功，还可以减少与别人之间的摩擦和冲突。

有时候，即使别人真的做错了，也不愿意当众承认自己的错误。这时任何责备都起不到作用，甚至会适得其反地激起别人的反抗。

如果你是一个聪明人，就应该先了解这个人内心的想法。我们不仅要知道别人是怎样想的，还要了解他为什么会这样做，看透别人的个性和想法，这才是开启他心灵的钥匙。

不妨反问一下自己："如果我是他，我会有怎样的感受和反应呢？"这样不仅可以让你减少很多烦恼和疑虑，并且会使你的人际关系得到很大改善。

著名作家肯尼斯·古迪写作了《怎样让人变成黄金》一书，书中有这样一句话：

停下来，花费一分钟的时间思考一下，你为什么这么关心自己的事情，却对其他事情漠不关心呢？很快你就会发现，其实每个人都是这样的。

如果你掌握了这个秘诀，就会像林肯和罗斯福等名人一样，具有了做好任何事情的良好基础。当然，如果你是看守犯人的警察，那么，最好就不要这样想了。

总之，在人际关系中是否能获得别人的欢迎，完全取决于你是否肯为别人着想。

山姆·道格拉斯生活在纽约州的汉普斯特市，过去他经常抱怨自己的妻子，抱怨她把过多的时间用在修理家里的草坪上。

他妻子每周至少修理两次草坪，包括拔除杂草、施肥和剪草。但是他却认为："与4年前我们搬来时相比，这块草坪并没有让人看起来更漂亮。"每当妻子听完这些话就会生气地与他争吵，家庭气氛自然就遭到了破坏。

后来，道格拉斯参加了我的演讲训练班，经过人际关系的培训后，这才让他认识到自己过去的行为是多么愚蠢。他从来没有想过，妻子之所以喜欢修理这块草坪，是因为她可以在这份工作中获得很大的乐趣，同时她希望别人因为自己修整出漂亮的草坪而夸奖她。

有一天,他们刚吃完晚饭,他妻子就准备去修理草坪,还邀请道格拉斯一起陪着她。开始他拒绝了妻子的要求,但他随即想到了在班上学到的知识,于是立即就陪着妻子一起去除草。

他们认真地工作了一个小时,并且愉快地谈论着有趣的事情。而这一天,他们的家庭气氛非常好,妻子自然也十分开心。

从那之后,道格拉斯经常帮妻子修理草坪,并且时常赞美她做得不错,夸奖她把草坪修理得越来越漂亮了。

最后,道格拉斯夫妻间的感情越来越好,家庭气氛也更加快乐融洽。这完全是因为他学会了从妻子的角度去思考问题,并且学会了称赞自己的妻子,即使这只是一件非常小的事情。

吉拉德·黎仁柏是著名的作家,他写作了《进入别人的内心世界》一书。书中有这样一段话:

把别人的观念和感受等同于你自己的观念和感受,并且放在同等重要的地位。当你把这些共同点表现出来时,谈话的气氛就越来越融洽。

一开始,我们要让对方说出自己谈话的目的或方向。当你倾听别人说话的时候,再根据对方的想法来表达你自己的意见,这样一来,因为你理解和认同了他的观点,他自然也会赞同你的意见。

多年来我养成了一个习惯,经常到我家附近的公园散步和骑马。如同古代高卢人的督伊德教徒崇拜橡树一样,当我看到森林火灾把公园的树木烧毁时,会感到非常伤心和愤怒。

事实上,那些火灾很少是因为自然灾祸引起的,它们大部分是由于吸烟或是那些到公园里野炊的年轻人疏忽大意而造成的。有时候火势非常大,以至于必须动用消防队才能灭火。

在公园中树立着一块警示牌,上面写着"严禁在公园内生火"的字样,但是警示牌的位置太偏僻了,立在公园的一个角落里,很难被别人看到。

在公园里,经常有一个骑马巡逻的警察,负责这片区域的治安,但是这好像丝毫没有起到作用,每年照样会发生很多次火灾。

有一天,我又发现公园发生了火灾,于是急匆匆地跑去找到那个警察,告诉他尽快通知消防队。

令我惊讶的是,他竟然毫不在乎地说:"这并不是我负责的事情,那里不在我的职责范围之内。"

我对此感到非常失望。

从那之后,我每次再到公园的时候,都会担起义务管理员的职责，想尽自己的力量来维护这片森林。

刚开始的时候，当我看到那些年轻人在公园内露营生火时，就会非常愤怒地制止他们，并且批评他们这种随意的行为，然后郑重地警告他们："在公园内生火是违法行为，还会引起火灾的。"

随后，我用非常严厉的口气命令他们把火立即熄灭。如果他们不听我的命令，我就威胁他们，要叫警察来把他们抓起来。在这种情况下，我完全是从自己的立场出发，从来没有考虑过他们的感受和想法。

你当然想到了我这样做的结果：这些年轻人当时听从了我的命令，但内心却非常不服气。等我离开后，他们往往会再一次把火生起来，甚至想烧毁这片森林。

随着时间的推移，我学习了与人相处的技巧，懂得了如何利用技巧去说服别人，并且学会了从别人的角度去思考问题。

所以，当我再遇到年轻人在森林中野营时，我不会再对他们发号施令，也不会威胁和恐吓他们。我会骑马来到他们面前，心平气和地对他们说：

小伙子们，你们玩得开心吗？你们想做些什么晚餐呢？我小时候也非常喜欢露营生火，现在回想起来还觉得十分有意思。

可是你们知道吗？在这公园里生火是非常危险的事情。我相信你们都会谨慎小心，但是其他人可能不会这样做。当他们看到你们生火时，他们也会学着点火，并且可能在回家时忘记了熄灭火源。这样一来，火堆可能会点燃周围的枯枝树叶，并且迅速向四处蔓延开来，甚至烧毁公园里所有的树木。如果我们不去防患火灾的话，我们就可能失去这片美丽的森林。

而且，你们在森林中生火，如果被警察发现就可能会被抓起来。我可不愿意让警察知道这件事情，以免破坏了你们野营的兴致。

我希望你们能玩得高兴，但是，我想请你们远离这些易燃的树木，并在你们离开之前用泥土将火堆熄灭，你们愿意帮助我吗？如果你们下次再想露营生火时，可不可以请你们到山丘的另一边，然后挖一个沙坑再引火呢？因为那样可以让你们远离危险。小伙子们，谢谢你们愿意合作，并且祝你们玩得愉快。

这样一来，我的话就起到了很好的效果，那些年轻人都变成了非常听话的孩子，而且从内心自觉地接受了我的意见。因为他们没有被强迫和命令去做这件事，让他们感到了被尊重的感觉。

事情之所以得到顺利解决，这都是因为我从他们的立场出发,并考虑到了他们内心的感受。

所以,当一个人遇到棘手问题时,从别人的立场来思考问题,可以让自己变得更轻松。

来自澳大利亚南威尔士的伊丽莎白·诺维克前段时间买了一辆汽车,并且采用了分期付款的方式。可是由于财务出现问题,她已经有6个星期都没有按时还款了。

在培训班上,她这样对我说:

在一个星期五的下午,我接到一位男子打来的电话,他是我的汽车分期付款账户的负责人。他在电话中对我说,如果下星期一上午再不能按时还款,他们公司可能会收回我的汽车。

当时我想了很多办法,但是都没有筹到钱。到了星期一的时候,他再次给我打电话,说了很多威胁和警告的话。可是我并没有发火,而是站在他的立场来看待这件事情:"如果我遇到这样的事情,也会像你一样愤怒。"

首先,我真诚地向他道歉,随后说:"非常抱歉给你带来了这么大的麻烦,我已经6个星期未还款了,你一定感到非常愤怒,我一定是最让你头疼的客户吧?"

不承想,他开始改变了说话的语气,坦白地说我并不是最让他头疼的客户。

他无奈地说:"我还遇到很多难缠的客户,有的故意拖欠还款,有的非常不讲理,有的时常说谎骗人,还有的故意躲着我避而不见。"

我一直静静地倾听,让他把心里的烦恼都说出来。最后,他说:"如果你确实有困难,不能马上还上拖欠的钱也没什么大问题。只要你在月底先支付20美元就行了,其他欠款你可以在宽裕的时候再支付。"

当你想要别人把火灭掉,或向别人推销产品,或请求别人给红十字会捐款时,为什么不先停下来,闭上眼睛好好思考一下,尝试着从别人的角度来看待整件事情呢?不妨问问自己:"他为什么要做这样的事情?"

是的,这样做确实需要花费一些时间,但是,这样做却可以让你获得更多朋友,建立良好的人际关系,并且减少生活中的困难和冲突。

哈佛大学商学院院长多纳姆说:"在拜访某人之前,我宁愿花费两个小时在他办公室前面的人行道上散步,思考我要说的话,也不愿脑子里没有清晰的条理,在不了解对方的个性和想法时,就直接进入他的办公室。"

这段话对于人际交往具有非常重要的意义,为了强调它的重要性,让我再重复一遍:

"在拜访某人之前,我宁愿花费两个小时在他办公室前面的人行道上散步,思考我要说的话,也不愿脑子里没有清晰的条理，在不了解对方的个性和想法时，就直接进入他的办公室。"

当你看完本书时，即使只弄清了一个道理，即经常从别人的立场出发，这就足以改变你的人生。

所以，如果你想让别人赞同你，请记住第八条原则：

应该多为别人着想，从别人的角度来思考问题。

9. 同情的力量

同情的力量非常惊人。大部分人都渴望得到同情，如果你能给予他们同情，你就会得到他们的欢迎和支持。

"我非常理解你的感受，如果我是你的话，也一定会和你有同样的想法。"这句话具有神奇的力量，它不仅可以避免争论和冲突，让你赢得良好的印象，更可以营造出良好的谈话氛围。

当你说出这句话时，别人就会感到你的真诚和善意，即便是脾气最坏、最倔强的人也可以变得温和起来。

是的，我们应该真诚地说出这句话，因为，如果你真的是那个人,你就会感同身受。

我们拿黑帮头子阿尔·卡彭来举例说明。

如果你拥有阿尔·卡彭的身体、性格和思想,如果你身处他那样的环境并且经历他所经历的事情,你就会成为他那样的人,而且也会得到和他一样的下场。因为,这些因素就是导致他沦为盗匪的根本原因。

同样的道理,你不是响尾蛇,因为你的父母并不是响尾蛇。你不会崇拜牛,也不会觉得蛇是神圣的,因为你没有出生在恒河岸边的印度家庭。

你能成为现在这样的人,并不完全取决于你自己。所以,那个让人厌烦、顽固不化的家伙之所以成为那样的人,也不完全是他个人的错误。其实,他是一个可怜的人,我们应该为他难过,并且给予他更多的同情。

约翰·戈福曾经看见一个烂醉如泥的乞丐,在街道上摇摇晃晃地走着,他同情地说:"如果不是上帝的恩赐,我也会成为他那样的乞丐。"

请记住:我们所遇到的人中,大部分人都渴望得到别人的同情。如果你同情他们,那么他们就会喜欢你。

有一次,我在电台发表演说,提到了《小妇人》的作者路易莎·梅·奥尔科特。我知道这位作家出生于马萨诸塞州的康科德,并且知道那本不朽的著作就是在那儿完成的。可我竟犯了一个愚蠢的错误,将她的故乡说成了新罕布什尔州的康科德。

如果我只说错了一次，或许还能获得别人的原谅，但是，我竟然说错了两次！随后，我收到了来自全国各地的信件和电报，这些全都是批评指责我的，有些人在信中表达了气愤，有些人甚至用脏话来侮辱我。

有一位叫卡洛妮亚·达姆的女士现在生活在费城，恰好康科德也是她出生的地方。在信中，她表现了极大的愤怒，不断指责我的失误，好像要把全部的怒火都发泄到我身上。

我想，如果我把奥尔科特说成是新几内亚的食人族，她的火气会不会再大些？

当我读着她的信时，不禁对自己说："哦，感谢上帝，幸好我没有娶这个女人。"

我真想给她写一封信，告诉她，虽然我犯了一个地理错误，可是她的来信也实在是太失礼了。然而我并没有那样做，我尽量克制住了自己的情绪和行为。我知道，只有愚蠢的人才会那样做。

我并不想成为愚蠢的人，所以，我决定尝试获得她的谅解。显然，这是一个很大的挑战，也是对我的考验。我告诉自己："不错，如果我是她的话，我可能也会有那样的感受。"于是，我决定接受她的观点，并且对她表示同情和宽容。

当我再次去费城的时候,我给那位女士打了一个电话。下面我们来看一下我们的谈话内容:

我:"达姆夫人,您好。几个星期以前我收到了您写的一封信,我特意向您表示感谢!"

电话那边传来非常客气的语气:"不好意思,请问你是哪一位?我听不出你是谁。"

我:"您并不认识我,我叫戴尔·卡耐基。在几个星期前,我在电台发表了有关路易莎·梅·奥尔科特的演讲,当时我犯了一个非常愚蠢的错误,竟然把她的故乡说成了新罕布什尔州的康科德。这个错误让人难以原谅,今天我特意为了这件事向您表示歉意,非常感谢您抽出宝贵的时间给我写信,并且指出我的错误。"

达姆夫人:"卡耐基先生,非常抱歉。我当时一时意气用事才写了那样一封信,语气实在太糟糕了。在这里,我必须向你道歉。"

我:"不!您不需要道歉,该道歉的是我,即便是一个小学生也不会犯那种愚蠢的错误。虽然在第二个星期我已经在电台广播上更正了,但是现在我想亲自向您道歉。"

达姆夫人:"希望你能谅解,我的故乡也是马萨诸塞州的康科德。在过去200多年间,我的家族在那里有着非常高的声望,一直参与康科德的重大事情,我为自己的故乡感到骄傲自豪。所以,当我听到你说奥尔科特小姐出生于新罕布什尔州时,我感到非常生气。但是,我实在不该说那么严重的话,我对写的那封信感到歉意。"

我:"坦白地说,我的难过程度可能是您的10倍。对于马萨诸塞州来说,我的错误并没有造成很大的伤害,但是却对我自己造成了很大的伤害。像您这种有身份及文化背景的人,很少给电台的播音员和演讲者写信,我希望您再给我写信来指正我的错误,这样才能帮助我成长。"

达姆夫人:"你能接受我的批评我感到非常高兴,你能给我打电话我也感到非常荣幸。你真是一个好人,我非常愿意和你做朋友。"

因为我从她的立场出发,主动向她道歉并接受她的观点,所以得到了她的宽容和喜欢。同时,我对自己也非常满意,因为我控制了自己的怒火,并且用友好的态度来对待羞辱,所以让她彻底改变了对我的看法。

如果我当时也写信羞辱和责骂她的话,恐怕事情会不可收拾。

美国的历任总统,几乎每天都要面对别人的指责和批评,并且面临着如何处理与人交往的问题,塔夫特总统也不例外。根据以往的经验,他总结出一个道理,那就是:

同情是消解仇恨和恶意最有效的药物。

塔夫特在他所写的《服务的道德》一书中,讲述了一则他如何化解一个有野心的母亲的怒火,并且获得对方谅解和支持的故事。

在华盛顿有一位尊贵的夫人,她的丈夫在政界非常有影响力。她想要我替她的儿子安排一个职位,纠缠了我6个多星期,并且她还找来了许多参议员及众议员来帮忙,为她说好话和作保。

但是,这个职位需要具备专门技能的人才,她的儿子根本无法胜任。不久,在该部门负责人的推荐下,我任命了一个非常适合的人才。

没过几天,那位夫人给我写了一封信,她指责我是忘恩负义的人,是世界上最坏的人。因为我完全可以为她儿子安排这个职位,却无情地拒绝了她,而我的做法让她失去了快乐。

她还说,她已经和其他州代表谈过话了,要一起反对我准备实施的一项行政法案,来报复我对她的拒绝。

如果你接到这样一封信的时候,你会怎样做呢?你会立即给她回信,然后指责她是一个蛮不讲理又没有礼貌的人吗?如果你是一个聪明的人,我相信你不会这样做。

或许你根本不会写这样的信,也或许会把回信锁进抽屉里,并想着等到两天之后再处理。等到两天之后,当你再拿出这封信时，就已经平静下来了，并且不会再想寄出。

我就是这样处理的：我安静地坐下来，尽力用最客气的措辞给她写了一封回信。

我这样写道："我知道你作为一位母亲，在遇到这种事情时一定会感到非常失望。但是，你知道我并不能按照个人好恶来任命那样重要的职位，我必须选择一个具有专业技术和经验丰富的人，所以我才接受了那位负责人的推荐。你的儿子也非常出色，如果继续努力工作，以后必定有所成就。"

这封信平息了她的怒火，很快，她又给我写了一封回信，并且对于上次的行为表示了歉意。

但是，我签署的那项任命并没有马上通过，那个人短时间内还不能来上班。过了一段时间，我又收到一封信，署名是那位夫人的丈夫。但是我发现，这封信的笔迹和上封信的笔迹完全一样。

信中写道："我妻子由于这件事受到了沉重打击，并且患上了神经衰弱，现在已经卧床不起，甚至有可能恶化成最严重的胃癌。为了我妻子的健康，我希望总统先生是否可以考虑一下，把以前那项任命撤销，再重新任命我的儿子。这样一来，我妻子的病情可能会有所好转。"

于是，我立即给她的丈夫写了一封回信，信中说："我希望你妻子身体健康，再去医院复查一下，那项诊断可能是误诊。我非常同情你和你的妻子,你现在一定为妻子的重病感到非常难过,但是,我感到非常抱歉,因为我不可能撤销已经签署的任命。"

后来,我签署的那项职位任命终于通过。

几天后,我在白宫举行一场音乐会,而这对夫妇最先向我和夫人表示问候,尽管这位夫人在几天前还"患有重病"。这是因为,我用真诚和同情换取了他们的谅解,消除了他们的怨恨。

我们再看下面的例子:俄克拉荷马州塔尔萨市有一家电梯公司,杰易·蒙格在这家公司做业务经理。这家公司和塔尔萨市一家著名旅馆签订了合同,负责维修这家旅馆的电梯。

为了避免给房客带来麻烦,每次维修电梯时,旅馆经理只给他们两个小时的时间。可是,维修电梯却至少需要8个小时,并且他们公司最好的维修工又无法在电梯需要停修时及时赶到。

当公司技术最好的维修工有时间时,蒙格打电话和这家旅馆的经理进行沟通。他是这样说的:"瑞克经理,我知道你们旅馆的客人非常多,所以,你们的电梯不能停运太长时间。我知道你非常看重时间,我们会尽量配合。但是,如果电梯得不到及时检修,电梯就会遭到更加严重的损害。这样一来，电梯会经常出问题，这就会给客人带来更大的麻烦。"

听完这些话之后，旅馆经理瑞克立即答应把电梯停开8个小时，以便进行彻底的检查和维修。瑞克之所以轻易地同意了蒙格的意见，是因为蒙格从他的立场出发，并且理解他照顾客人的想法。

这里还有一个事例，我们再来看一下吧。

密苏里州圣路易的佳茵·诺瑞丝是一位钢琴教师，她向我讲述了自己的经历。她和自己的学生贝蒂发生了争议和分歧，这个十几岁的女孩子非常喜欢留长指甲，但是这么长的指甲会妨碍她练习钢琴。

诺瑞丝在培训班上这样告诉我：

我知道她的长指甲会妨碍她练习钢琴，这样会阻碍她实现自己的钢琴梦想。

在开始教她弹琴前，我们交谈了一会儿，但是我并没有要求她剪掉自己的长指甲，也不想打击她学习钢琴的积极性。因为我知道她非常在乎自己的指甲，并且每天在上面花费很长时间，以便让它看起来更漂亮、更吸引人。

当上完第一堂课后，我真诚地对她说："贝蒂，你的手指甲非常漂亮。我知道你想成为一位出色的钢琴家，如果你能把自己的指甲修短一点，那么你可以弹得更好。我理解你不舍得剪短指甲,并且非常爱护它,你可以好好考虑一下,好吗?"

她顽皮地向我做了一个鬼脸,表示不会剪短自己的指甲。

为此,我找到了她的母亲,和她认真地谈论了这个问题,同样没有什么效果。显然,贝蒂非常重视她的指甲,并且仔细地保养着。

第二个星期,当贝蒂来上课时,她竟然修短了自己的指甲,这让我感到非常震惊。我立即夸奖了贝蒂的懂事和乖巧,并感谢她母亲说服了她。

她母亲却回答说:"我并没有劝说她什么,这是贝蒂自己的决定,而且,这也是她第一次因为别人的夸奖而修剪自己的指甲。"

诺瑞丝并没有严厉地命令贝蒂,也没有威胁说如果她不剪短指甲就不会教她弹钢琴。她夸奖贝蒂的指甲非常漂亮,并且从贝蒂的立场出发,理解她舍不得把指甲修短的感受。

对贝蒂来说,这意味着:"我非常同情你,我知道对于你来说,修剪指甲是一件非常困难的事。但是,如果你能这样做,会对你练习钢琴有很大帮助。"

带有夸奖的说法,让她顺利解决了这个问题。

S. 霍洛克是美国音乐界里最著名的经纪人之一。在过去20多年里，他和很多大牌艺术家都保持着良好关系，比如夏里亚宾、伊莎贝拉·邓肯，以及巴普洛娃等。

霍洛克曾对我说："那些音乐家性格古怪、脾气暴躁，想要和他们打交道，首先要对他们表示理解，尤其是对他们可笑古怪的脾气表示彻底的同情。"

夏里亚宾是世界上最出色的男低音歌唱家，霍洛克曾经给他做过3年经纪人。他曾唱火了大都会歌剧院，但是，他却是一个十分任性、脾气暴躁的人，很多时候就像一个被宠坏的孩子。霍洛克这样说："这家伙各方面都非常糟糕，简直让人头疼不已。"

如果某一天晚上有演唱会，夏里亚宾就会在中午时分给霍洛克打电话。

他经常这样说："霍洛克先生，我感觉非常不舒服。我的嗓子沙哑得厉害，恐怕今天晚上没法演出了。"

这时霍洛克不会和他争论，他知道作为经纪人，他不能和自己的艺人争吵。于是，霍洛克会马上赶到夏里亚宾的旅馆，用非常理解和同情的语气对他说："我亲爱的朋友，你真是太可怜了。是的，你这么不舒服，肯定无法上台演唱了，我马上就取消这场演唱会。虽然你可能会损失一两千美元，可是这和你的名誉相比根本算不了什么。"

夏里亚宾听完这些话，就会一边叹息一边说："你过一会儿再来看看吧……我想，傍晚的时候我可能会好一些，你5点钟的时候再过来。"

在下午5点钟的时候，霍洛克又赶到旅馆，仍对他表示了同情，并且坚持取消演唱会。夏里亚宾还是说自己非常不舒服，并且又叹了口气说："你再晚一点来看我吧，或许到那时我感觉会更好一些。"

到了七点半，夏里亚宾终于答应登台演唱了。不过他有一个条件，就是要求霍洛克必须上台向观众说明他得了重感冒，现在喉咙非常不舒服。

霍洛克通常会马上答应下来，因为他清楚，如果自己不答应，这位大明星是不会轻易登台演唱的。

盖兹博十在其著作《教育心理学》一书中写过这样一段话："每个人都渴望得到别人的同情。小孩子会急匆匆地把伤口展示给别人看，甚至故意把小伤口弄得大一些，以博取大人更多的同情。"

同样的道理，大人也会向别人展示他们的伤口，诉说自己所遭受的意外、苦难以及病痛，尤其是动手术时的某些细节。从某种角度来说，为自己已经发生的或者空想的不幸自怜自艾是每个人的习性，更是人性弱点的突出表现。

所以，如果你想要获得别人的认同，请记住第九条原则：**应该对他们的遭遇表示同情。**

10. 给他一个动听的理由

我们每个人都有理想的成分，不管做什么事情，都希望为自己寻找一个高尚的动机和好听的理由。所以，如果我们想要改变别人，就要给他一个动听的理由。

我的故乡在密苏里州的一个小乡镇，不远处有一个叫"卡梅"的小镇，它就是当年美国轰动一时的劫车大盗杰西·詹姆斯的故乡。我曾经到过杰西所在的基尔尼农场，并且见到了他的儿子和他儿子的妻子。

他儿子的妻子告诉了我一些陈年旧事，包括当年杰西肆无忌惮地抢劫火车和银行，是因为他想把抢来的财物分给周围贫苦的农民，让他们赎回抵押给银行的土地。

或许在杰西·詹姆斯的心中，他就是劫富济贫的英雄，而不是为非作歹的抢匪。后来的苏尔兹、"双枪手"克劳雷，还有阿尔·卡彭，或许都有这样的想法——他们都想成为一个理想中的英雄。

事实确实如此，生活中，我们遇到的所有人包括你自己，都会把自己看得非常高尚，并且认为自己是真正的善人，总是公正无私地代表着正义的一方。

约翰·皮尔庞特·摩根是美国著名的银行家，他曾经说过这样一段话："当人做一件事情时，无非有两个理由，一个是真正的理由，另一个则是听起来动听的理由。"

人人都清楚那个真正的理由，但是每个人内心中都认为自己是一个理想家，并且总想着给自己找一个动听的理由。所以，如果你想要改变他们，就应该想办法给他们一个好听的理由。

这样做真的有效果吗？我们来看一些例子。宾夕法尼亚州有一家房产公司，汉密尔顿·法里尔先生在这家公司担任主管。他曾经遇到一位难缠的房客，声称对房子非常不满意，并且急于搬离公寓。

这位房客已经和房产公司签订了租房合同，并且还有4个月才到期，每个月的租金是55美元。可是，这位房客却不管租约的条例，非要马上搬走不可。

法里尔在演讲班上告诉我们：

那位房客已经在这个公寓住了一个冬天，而过了冬天，房屋很难出租给别人，房租也会降低很多。如果他搬走了,我很难在秋天之前再把房子租出去。

当时我非常生气,因为我将白白损失220美元的收入。在一般情况下,我一定找那个房客争论,要求他必须按照租房合同办事。即使他要搬家,也必须支付接下来4个月的房租,以弥补我所遭受的损失。

但是,这次我并没有冲动行事,而是控制住了自己的情绪,我决定尝试在训练课上学到的知识。

我这样对他说:"先生,我听说你准备搬家,我不相信那是真的。我和很多租户打过交道,所以懂得如何观察人的本性,我们刚见面的时候我就仔细观察过你,我相信你是一个讲信用的人,对此我非常相信自己的判断力,所以我才愿意把房子租给你。"

房客只是静静地听着,没有说任何话。

我接着说:"现在,我建议你先不要下决定,不妨再仔细考虑一下。在月初房租到期之前你再来找我,如果那时你依然决定搬家,我保证绝不会再阻拦你。到那时,我会承认自己的判断失误,并且不会要求你履行合同。

"不过,我还是相信你是个诚实守信的人,一定会按照自己签订的合同办事的。"

果然不出我所料,这位房客再也没有提出搬走的事情,并且主动交了下一个月的房租。他说:"我和太太商量过了,决定继续在这个公寓住下去。我们觉得最令人自豪的做法，就是遵守自己承诺过的诺言。"

诺德·诺斯克利夫爵士也懂得如何给别人一个好听的理由。有一次，他发现一家报纸上有一张没有经过他允许而刊登的个人照片，于是他就给这家报纸的编辑写了一封信。

他并没有这样写："我不愿意让别人看见这张照片，请你不要再刊登它。"他知道每个人都会尊敬自己的母亲，于是他写道："因为我的母亲不喜欢那张照片，所以，以后请贵报不要再刊登它了。"结果，他的目的轻易就实现了。

约翰·洛克菲勒不希望报社的摄影记者拍摄自己孩子的照片，他也找了一个动听的理由。

他知道每个人都不愿意伤害孩子，都有保护孩子的那种欲望。所以，他并没有说："请不要刊登孩子们的照片。"而是利用人们想要保护小孩子的心理，说："你们都了解小孩子的天性，我相信你们很多人都是孩子的爸爸，都不想伤害孩子——如果让孩子成为新闻人物，这并不是什么好事。"

理所当然，他也得到了自己想要的结果。

接下来，我们来看一下希鲁斯·科第斯是如何利用这个办法，让那些著名作家为自己的杂志撰稿的：

来自缅因州的希鲁斯·科第斯出生于一个贫苦家庭，经过一番打拼后，终于成就了一番事业，不仅出版了《星期六晚邮》和《妇女家庭周刊》等著名杂志，还赚了几百万美元的财富。

在创业之初，由于缺少人脉，他无法像别的杂志社那样支付高额的稿酬，所以，无法请到有名的作家为他执笔撰稿。不过他想到了一个主意，就是想办法激发他们高尚的动机，比如，他甚至让《小妇人》的作者奥尔科特小姐甘愿为他写稿。当时奥尔科特是声望很高的作家，不会轻易为别人撰稿，他是怎么做到的呢？

办法很简单，他只花费了100美元，并且把这笔钱捐给了奥尔科特最喜欢的一家慈善机构。这个举动打动了奥尔科特。

有些人会提出这样的疑问："把这种办法用在诺斯克利夫、洛克菲勒或是感情丰富的作家奥尔科特身上，或许会有效果，但是，如果对方是欠债不还、粗鲁顽固的家伙，这种方法会具有同样的效果吗？"

这些人的质疑很有道理，因为没有一种办法能适用于任何人，有些人可能根本不吃这一套，也没有一种方法在任何情况下都会起到同样的效果。如果你对目前的结果满意，那就不用再费心思了；如果你感到不是非常满意，不妨尝试一下吧！

我们不妨看一看下面的事例。詹姆斯·托马斯是我以前的一位学员，他曾经给我讲述了一个真实的故事：

一家汽车公司遇到了6位难缠的顾客，因为他们拒绝支付一笔服务费——他们并不是不愿意支付修理服务费，而是认为其中一项账目搞错了。

可是，在汽车公司的账单上都有他们的签名，所以，汽车公司确定提供了那些服务，并且告诉顾客账目没有错，他们应当支付这笔服务费。

于是，汽车公司便派一位信用部职员前去沟通。下面是这位职员和顾客沟通的整个过程，我们不妨来看一看：

1. 他分别拜访了每一个顾客，并且直接告诉顾客："先生，公司派我来收取一项早已到期的账款。"

2. 他明确地告诉顾客："我们公司的账目绝对没有问题，而且，这些账目上还有你们的签字，所以，必须支付相应款项。"

3. 他告诉顾客，汽车公司在这方面经验丰富，处理问题比顾客更在行，所以，这根本没有什么好争论的。

那些顾客自然不同意他的说法，于是，双方就开始争论起来。

显然，用这种方法不仅无法收回所欠款项，反而更能激发双方的矛盾。事情发展到这种地步，信用部经理准备将其交给律师去处理。

幸好，公司总经理及时发现了问题的重要性，他仔细查看了那几位顾客的账目及以往的付账记录，发现以前他们的信誉记录都非常良好，所以，问题可能出在本公司的收款方式上。

于是，总经理叫来了詹姆斯·托马斯，让他去解决这个棘手的问题。

下面我们看看托马斯先生的处理方式：

1. 他拜访了每个顾客，目的就是为了收回那项早已到期的账款，可他并没有说自己是来收那笔账的，而是客气地说："先生，我奉命来调查一下公司的服务质量，看看有什么需要改善的地方。"

2. 他明确地表示，自己只是来倾听顾客意见的，绝对不会发表任何意见。他还说："汽车公司也可能会犯错，没有人是绝对正确的。"

3. 他对顾客说："我只是对你的车子使用情况感兴趣，我相信世界上没有任何人比你更了解自己的车子，所以，我想听听你的意见。"

4. 他尽量让顾客说出自己想说的话，并且表现出非常感兴趣和同情他们的样子，当然，这正是他们所希望看到的。

5. 最后，顾客的态度缓和了很多，也没有那么抗拒汽车公司了。

后来，托马斯在培训班上描述道：

我让他们觉得这件事是公平的，于是，我给他们找了一个动听的理由。我对顾客说："首先，我希望你知道，我也认为这件事有处置不合理的情况。我们公司上次来的代表给你带来了很大的麻烦，所以，我特意为这件事向你郑重道歉。

"通过刚才的交谈，我发现你是一位非常宽容而又有耐心的人，并被你的宽容所感动。现在，我可以请你替我做点事情吗？对于这件事，我相信你比别人做得都出色，也比任何人更合适。

"这是你的账单，请你仔细检查一下它是不是有什么问题——就当你是我们公司的董事长一样，我请你全权做主，你说应该支付多少钱，我就收取你多少钱。"

顾客真的仔细查看了那张账单，从150美元到400美元不等，每一笔数目都仔细核对清楚。

最后，顾客都痛快地按照账单支付了所有服务费。在以后两年的时间内，这6位顾客都再次购买了本公司的新汽车。

最后，托马斯说："通过这件事，我明白了一个道理，那就是在没有了解顾客的准确信息之前，我们最好给他们一个好听的理由。我们应该在心中形成一个观点，那就是你的顾客是一个诚实公正、守信用的人，当他自己也这样认为时，他就会积极主动地支付所有欠款。

"也就是说，一般情况下，人们都希望自己能成为一个高尚的人。这种情况在生活中很普遍，而且我相信，这种方法对那些狡诈固执的人反而更有效。只要你告诉他，你认为他是诚实、守信和公正的人，他就会成为你所希望的那种人。"

所以，如果你想让别人接受你的意见，那么请记住第十条原则：**应该给他人一个动听的理由。**

11. 戏剧化地表现你的想法

如果你想要吸引别人的注意力，不能只是简单地述说事实，而是应该用戏剧性、有趣的方式把事实表现出来。

几年前，《费城晚报》遇到了一个大麻烦，受到了一些人的恶意攻击，他们告诫订报客户：《费城晚报》的广告多于新闻，内容贫乏且缺少新闻报道。

这让很多读者失去了对它的兴趣。所以，为了避免声誉继续受到损害，《费城晚报》必须立即采取措施来制止谣言继续散播。

《费城晚报》是如何处理这件事的呢？下面，我们来看一下他们所采取的策略。

报社摘取了该报每一天的所有新闻和文章，然后进行分类整理，最后编成一本书叫《一天》。该书内容丰富翔实，足足有307页。按照当时的市价，这样页数的书都卖两美元，但是，《一天》的价格只有两美分。

这本书出版后，受到了广大读者的欢迎，报社很快就扭转了不利局面。

《费城晚报》并没有发出正式严厉的声明来谴责谣言，而是通过《一天》的发行，戏剧化地展现了这个事实：那就是，《费城晚报》刊登了大量可读性强、有深度的新闻和文章。

与传统的列图表、摆数字相比，这种方式更生动有趣，不仅更直观地突出了该报新闻翔实的事实，还给读者留下了深刻印象。

这个时代充满了戏剧性和表演性，仅仅是简单地、平铺直叙地陈述某件事实是远远不够的，我们必须采用更生动有趣的、戏剧化的方式来表达事实，这样才能吸引别人的注意力。

电影是如此，电视广播也是如此。如果你想吸引别人的注意力，你必须学习这个方法。

现在，所有商场都设置了华丽的橱窗，因为那些橱窗设计专家知道"戏剧化"的表现具有更惊人的力量。

举个例子，有一家鼠药制造商生产出一种新鼠药，为了提高销售量，他们专门设计了展示橱窗。他们在橱窗里放了两只活老鼠，用来证明新鼠药的功效。结果在一个星期内，鼠药销量急速上升，比平时的销量增加了5倍。

在电视广告里，商家通常也会运用戏剧化的手法来促销产品。

比如，你会看到一种解酸剂可以迅速改变试管中溶液的颜色，而另一种解酸剂却做不到；一种品牌的肥皂或洗衣粉能轻松地清除衣服上的油污，而其他品牌的产品却会留下模糊的污痕；一辆汽车可以做出夸张的动作，并且表现出更多的性能；等等。

这些都是为了戏剧化地表现出产品的优势和特点，而消费者也非常吃这一套。

同样的道理，戏剧化的方式也可以应用到工作和生活中的任何方面。很多人都懂得运用这样的方式，吉姆·叶曼斯就是一个典型。他是弗吉尼亚州瑞奇蒙市某家公司的推销员，负责推销收款机。

他对我描述了推销的过程：

上个星期,我拜访了我家附近的一家杂货店老板,发现他现在使用的收款机已经非常陈旧。

于是,我对他说:"其实,当你在柜台上为每一位顾客结账的时候,都会丢掉一些钱。"

说完,我把一些硬币扔在地上。硬币发出响声,这立即就吸引了他的注意力,立刻停止了手上所做的事情,认真地听我介绍新式收款机的优点和好处。之后,他换掉了旧机器,从我这里购买了新的收款机。

在日常生活中,戏剧化的方式也同样适用。

在过去,当男人向心爱的女人求婚时,他们不仅仅会说一些动听的情话,还会跪在爱人面前来表达自己的诚意和爱意。而现在,当男人向心爱的女人求婚时,还会采用很多戏剧化的方式,想办法营造出浪漫的氛围。

戏剧化的办法不仅对成人有效果,对小孩也适用。阿拉巴马州伯明翰市的乔·方特有一个5岁的儿子和一个3岁的女儿。平时小孩子非常顽皮,经常把玩具到处乱扔。

为了让他们乖巧地把玩具收拾好,他专门为孩子发明了一列小"火车"——儿子骑着他的三轮车作为火车头,而女儿珍妮骑着篷车跟在三轮车后面作为车尾。

每天晚上,儿子就会骑着车子绕着房间转圈,女儿就把他们的玩具收拾到车厢里,随后她也会高兴地跳上车。这样一来,方特根本不用命令孩子们,他们就会高高兴兴地收拾好自己的玩具了。

我们来看一下这个例子:

最近一段时间,印第安纳州蒙台瓦哈市的玛丽·沃尔芙在工作上遇到了一些麻烦,想要和老板谈一谈。

星期一上午,玛丽直接找到老板想谈一下,但是老板的工作非常繁忙,这几天的工作日程都已经排满了。老板要求她先和自己的秘书预约,并说有时间一定会和她面谈的。

后来,沃尔芙小姐对我说:

可是接下来的一个星期,秘书都没有通知我和老板见面。每当我询问她时,她都会说老板工作繁忙根本没有时间见我。时间很快到了星期五上午,可我还是没有得到答复,但是在这星期内,我必须和老板谈一谈。

于是,我决定换一个方式,让老板主动约我见面。

最后,我采用了戏剧化的办法:我给他写了一封正式的信。我在信中写道:"老板,非常抱歉打扰您。我知道您最近的工作非常繁忙,不过,我有非常重要的事情要和您面谈,请您抽出时间来和我见一面。"

我在信封中放了一张表格,并且写好了他给我回信的新信封。我还请求他自己或者让秘书填好那张表格，然后装到我写好的信封里交给我。

下面是这张表格的内容：

沃尔芙小姐：

我将在×年×月×日×点抽出×分钟和你面谈。

沃尔芙小姐最后说："上午11点钟，我把这封信放在老板的公文盒里，而在下午两点钟的时候，我就在自己的信箱里发现了老板的回信。

"老板亲自给我写了回信，表示当天下午就可以抽出10分钟和我见面。果然，我们很快见了面，并且交谈了足足一个多小时，而我的问题也顺利解决了。

"如果我继续等待，而不是采用戏剧化的方式来处理，恐怕现在我的问题也不会得到解决。"

还有一个事例，也说明了"戏剧化"的惊人效果。

《美国周刊》的市场分析师詹姆士·波恩顿必须尽快完成一份市场调查报告。

他们公司刚刚为一家著名的润肤霜制造商完成一项市场调查，需要马上交出一份详细准确的报告，否则他们公司会遭受一大笔损失——这位客户是广告界中最阔气的，不过也是最挑剔的。

波恩顿第一次拜访那位负责人时，就受到了挫折和失败。他是这样描述的：

我第一次拜访他时就用错了方式，把时间都浪费在讨论调查方法上了。由于观点不同，我们发生了激烈的争吵，他大声地指责我做错了，我大声地辩解我没有做错。

最后，我赢得了这场辩论赛，并且心里扬扬得意。可是等到面谈结束，我们也没有来得及讨论实质性的内容。

第二次，我并没有理会那些枯燥复杂的数字和各项资料，而是采用了戏剧化的手法来表现自己想要说的。当我走进他的办公室时，他正在忙着打电话。等他一挂断电话，我就打开带来的手提包，拿出39瓶润肤霜放到他桌上。

这些润肤霜都是他们公司的竞争对手生产的产品。在每瓶润肤霜上，我都贴上一张小纸条，上面写着简短的文字说明，标明了该产品的销量、竞争优势、市场占有率等市场调查的详细资料。

结果，我们的谈话氛围非常融洽，他自然也接受了这种新方式。他对我的调查产生了浓厚的兴趣，一边仔细地看着润肤霜上面的文字，一边非常友好地询问我相关问题。原本他只准备和我交谈10分钟，可是我们却讨论了一个多小时，最重要的是，他对我的调查报告非常满意。

波恩顿对我说："其实，我这两次准备的内容完全相同。可是，这次我却运用了戏剧化的手法，并且运用了有趣的表演术，结果两次交谈的效果截然不同。"

所以，如果你想要获得别人的认同，请记住第十一条原则：**运用戏剧化的方式来表现你的想法。**

12. 提出有意义的挑战

想留住好员工，不能只依靠提高工资的办法，而是应该给员工表现自己的机会。与普通人相比，成功者更喜欢具有挑战性的工作，抓住更多表现自我的机会。

查尔斯·史考伯手下有一名工厂经理，他总是无法调动员工的积极性，从而导致生产总量一直提高不上去，所以，只能来找他求助。

史考伯问："这究竟是怎么回事？像你这么能干的人，为什么就不能调动员工的积极性呢？"

那位经理回答说："我也不知道为什么，无论我用温和的话去鼓励他们，还是批评斥责他们，都没有任何效果，我已经没有办法了。"

这时候，正好日班快要结束，夜班马上就要开始。史考伯走进车间，向那位经理要了一根粉笔，然后走到准备下班的工人身边，问道："今天你们这一班完成了几部暖气机？"

一个工人回答："6部。"史考伯听完什么也没说，拿起粉笔在地板上写下一个大大的阿拉伯数字"6"，随后就离开了。

夜班工人上班时，看见地板上的"6"字，就问："这是谁写的？这是什么意思？"那个日班工人回答："今天，大老板来工厂视察了，他问我们日班生产了多少部暖气机，我们回答说6部，他就在地板上写了这个'6'。"

第二天早上，当史考伯再次前来视察时，发现地板上的"6"字已经被夜班工人擦去，换成了一个大大的"7"字。

很快，日班工人就来上班了，也看到了地板上那个突兀的"7"字。他们心想：夜班工人的工作效率竟然比我们日班还高，这是他们在向我们示威，我们要给他们点颜色看看。于是，日班工人更加努力地工作，当他们下班时，那个数字已经改为"10"字。

就这样，所有工人的热情全被调动起来，产量很快就得到了大大提升，甚至比其他工厂还要多。

为什么会有这么大的变化呢?

史考伯说:"如果我们要提高生产效率,就必须激起员工之间的竞争意识。不过这并不是靠钱,而是应该激起他们胜过别人的欲望。"

争强好胜的欲望和挑战强者的心理,对于一个不甘失败的人来说,是最有效的激励方法,所以,我们准备好要迎接不同的挑战。

如果没有迎接挑战的心理,西奥多·罗斯福就不可能入主白宫,成为美国最出色的总统之一。

当初,罗斯福作为义勇骑兵队的一员跟随军队征战古巴,他刚刚回到美国时,便决定参加纽约州州长的竞选。但是,反对党发现罗斯福不是纽约州的合法居民,所以,指责他没有资格竞选州长。

罗斯福不由得打起退堂鼓来,打算退出州长竞选。

这时,同僚托马斯·科力尔·普拉特来到罗斯福面前,大声地对他说:"你这个圣璜山的骑兵英雄,难道想成为一个临阵脱逃的孬种吗?"

罗斯福的好胜心被激发出来,他勇敢地接受了这个挑战。这项挑战不仅让他成为美国总统,也影响了美国历史的发展进程。

"每个人都有惧怕的东西,但是勇敢的人却可以把它们抛在一边,并且勇敢地接受挑战。或许他们可能会遭遇

失败，但是却获得了更多成功的机会。"这是古希腊国王一位侍卫头领的口头禅。敢于迎接挑战，不要惧怕失败，即便失败了也没什么大不了的。

查尔斯·史考伯懂得向员工提出有意义的挑战，从而大大地提高了生产效率。普拉特和艾尔·史密斯同样懂得这个道理。

艾尔·史密斯担任纽约州州长的时候，就运用了这个方法说服了刘易斯·劳斯担任辛辛监狱的监狱长。

在鬼岛的最西端有一座臭名昭著的辛辛监狱，那座监狱丑闻和谣言不断，里面关押的都是穷凶极恶、残忍无比的犯人。这时，辛辛监狱的监狱长出现了空缺，所以，史密斯想要找一位出色的人才来管理辛辛监狱。

谁能胜任这个职位呢？他想到了新汉普顿的刘易斯·劳斯。

当他见到刘易斯时，非常高兴地说："我想让你管理辛辛监狱，你觉得怎么样？那里需要一个厉害的角色。"

刘易斯·劳斯并不愿意接受这个任务，因为他知道辛辛监狱可是一个危险的地方。那里关押的都是穷凶极恶的犯人，几年内换了很多位监狱长，没有一个人能干得长。其中，有一个监狱长待了3个星期就辞职了。所以，他必须为自己将来的事业慎重考虑，他不禁问自己："这个工作值得我去冒险吗？"

史密斯见他犹疑不决,于是往椅背上一靠,微笑地说:"小伙子,我看你被吓坏了。我一点儿都不会怪你,那个地方的确太危险了,它需要有魄力的大人物。"

面对史密斯提出的挑战,刘易斯反而被激起了斗志,想要成为那样的大人物。于是,他爽快地接受了这个任务,并且在那里工作了很长时间,最终成为美国当时最著名的监狱长。

他根据自己的经历写作了一本《辛辛两万年》,讲述了辛辛监狱的传奇故事。这本书一经出版就受到了读者的欢迎,销量达到几十万册。他还被邀请到电台广播演讲,而他的监狱生活也被改编成电影。他还提出了对罪犯进行"人性化"管理,这促进了美国监狱管理的改革。

哈维·贝尔斯通创办了著名的火石轮胎及橡胶公司,他说:"我发现光用提高薪水无法让员工为你卖命,只有提高工作本身的竞争力,才能留住好人才。"

弗瑞德瑞克·侯兹柏是世界上最著名的行为研究学家之一,他通过研究也发现了这个道理。他进行了一项调查,研究了几千名员工——从工人到高级经理的工作态度,最后找到了激励员工积极工作的最重要因素。它是什么呢?钞票?舒服?福利?统统都不是。

激励人们好好工作的最重要因素,就是工作本身的挑战性。如果人们觉得这个工作有挑战性,那么,他们就会积极努力,还会克服所有困难,以便迎接更大的挑战。

发掘迎接挑战和展现自我的机会,是每个成功者都喜欢的特征。与普通人相比,他们更喜欢实现自我价值,并且抓住胜过其他人的机会。

所以,如果你想让争强好胜的人或是勇敢的人赞同你的想法,请记住第十二条原则:**提出有意义的挑战**。

PART 3

BE A LEADER:
HOW TO CHANGE PEOPLE WITHOUT
GIVING OFFENSE OR AROUSING RESENTMENT

第三章
改变他而不伤害他

1. 从赞扬和感激开始

一般情况下，我们在批评别人之前，应该先赞扬他们一番，这样别人才更愿意接受。

在美国总统柯立芝执政期间，我的一位朋友曾经被邀请到白宫做客。当他来到总统私人办公室时，柯立芝正在夸奖一位年轻的秘书："你今天这件衣服非常漂亮，可以让你显得更加年轻靓丽。"

柯立芝总统平时沉默寡言，更不会当众夸奖别人，所以，当秘书受到这样的赞美时，竟然有些受宠若惊，脸上顿时涌现出一层鲜艳的红晕，一时不知如何是好。

柯立芝又接着说："但是，不要高兴得太早。我刚才赞美你是为了让你高兴一些，如果你写的公文的标点符号和身上的衣服一样漂亮，我会更加高兴。"

虽然柯立芝的方法有些太直率了，但是他却巧妙地掌握了别人的心理。当我们先听到别人的称赞，之后即便再听到令你不愉快的事情，心情也会舒服一些。

当理发师在给客人刮胡子之前，总是先在客人脸上抹上肥皂泡沫。所以，当你想要让别人改正错误时，不妨先赞美他一番。

1896年，麦金利竞选总统时，就用类似的办法改变了下属的想法。

当时，一位共和党重要党员为麦金利写了一篇竞选演说稿，他觉得自己的演说稿非常出色，于是自信满满地在麦金利面前大声朗读起来。

那篇演说稿虽然一些观点还不错，但是并不适合在公众面前演说，那样只会遭到公众更多的批评和指责。

不过，麦金利不愿打击他的积极性，但是又不能眼看着这篇不合适的演讲稿发表出去。

让我们看看他是如何处理的：

麦金利对他说："我的朋友，这篇演说稿非常精彩也很有力量，没有人可以达到这样的水平。在一般情况下，它都是非常适用的演讲稿，可现在情况有些特殊，它同样适用吗？从你个人的立场来说，它确实立场鲜明、见解独到，可是我们必须从整个共和党的角度来考虑，看看它是否会造成不良影响。你现在回去，再仔细思考一下，然后再写一篇样稿给我看看。"

这位要员按照麦金利的意见重新写了一篇演说稿，麦金利进行了一些修改，然后就发表了。

在那次竞选活动中，那位要员发表的那篇演讲稿起到了重要作用，而他也成为麦金利最得力的助选员。

试想，麦金利当初直接否定他的演讲稿，他可能就不会那么容易接受了。

如果我们想要改变一个人，不能直接批评指责他，而是应该采用委婉的方式，不妨先给予别人一些赞美。

下面是林肯总统最著名的信件之一，其知名度仅次于他写给斯比夫人的那封信——斯比夫人有5个儿子都在战争中丧生，林肯给她写了一封饱含深情的信，而这封信也体现了林肯为人处世的技巧以及包容心、同情心。

这封信可能只花了林肯5分钟时间，可是在1926年的一次公开拍卖中，它竟然拍出了12000美元的高价。在当时这是一个庞大的数目，比林肯生前50年的积蓄还要多。

这封信写于1863年4月26日，当时正是美国南北战争最黑暗的时期。在过去18个月里，北方联军接连遭遇惨败，战场上将士伤亡惨重，局势非常不利。整个北方陷入恐慌之中，数以千计的士兵临阵逃亡，甚至连一些共和党议员都开始发难，想逼迫林肯引咎辞职。

林肯当时说："我们正处在毁灭的边缘，我甚至感觉连上帝都在和我们作对，我几乎陷入了绝望之中。"在如

/ 第三章 / 改变他而不伤害他

此绝望的时刻，林肯给战场上的霍格将军写了这封信。

在这本书中，我之所以详细地介绍这封信，是因为它让我们看到林肯是如何利用巧妙的方法，来尝试改变一位不安分的将领——当时整个国家的命运，都系在霍格将军的身上。

这或许是林肯担任总统期间措辞最严厉、语气最强硬的一封信，但是，我们还是可以从中看出：他首先赞扬了霍格将军，然后才批评了他的重大失误。

当然，霍格将军确实犯了很大的错误，可是林肯并没有直接指出这一点，他巧妙而又圆滑地说："在有些事情上，我对你不是很满意。"这是一个非常明智的做法。

下面就是林肯写给霍格将军的那封信：

我已经任命你担任波多马克军队的陆军司令，当然，我有充分的理由做这样的决定。但是，我希望你能知道：在有些事情上，我对你不是很满意。

我相信你是一位勇敢睿智的将领，具有卓越的统军能力以及熟练的作战技巧，这是让我感到欣慰的地方。同时我也相信，你不会把政治和军事混在一起，在这方面，你是正确的。并且你对自己非常自信，这是一位出色的将领必不可缺的品质。

在某些情况下，有野心的益处远远超过害处。但是在波恩赛将军统领军队期间，我觉得你过于放纵自己的野心，时常与统帅作对并且阻挠他行事。不论是对于国家，还是对于一名战功赫赫的将领来说，这种行为都是非常大的过失。

我听说过并且获得了可靠的消息，你最近说军队和政府都需要一位独裁的铁腕人物。当然，我并不是因为这个原因才给你军队的指挥权，而且我也不会计较这一点。

只有那些战功赫赫、声名显著的领导者，才可能成为独裁的铁腕人物。现在，我最需要的是取得战场上的胜利，所以，我愿意冒险给你独裁权。

到那时，我和政府会竭尽所能地支持你，就像支持其他的指挥官一样。但我非常担心你以前的行为已经给军队造成了影响，形成一种不信任上司的风气。现在你可能面临着同样的问题和麻烦，我愿意全力帮助你消除这种危险的思想，并且制止这种会蔓延的风气。

当军队中形成这种危险的思想时，即使是拿破仑在世也无法指挥军队取得胜利。现在你要注意，千万不要轻率推进，更不要过于急躁，我们应该以旺盛的斗志和小心谨慎的警觉精神去指挥军队，以便取得最后的胜利。

林肯运用了外交手腕和温和的措辞，并且在批评霍格之前先是给予了赞扬，所以才没有激起霍格的反抗。

第三章 / 改变他而不伤害他

我们不是柯立芝，不是麦金利或林肯这样伟大的人物，但是，你应该知道在日常生活中，这个方法同样适用。我们来看一下这个事例。

卡伍先生和我们一样也是普通人，他在费城华克公司工作，当我在费城讲课时，他参加了我的演讲训练班。当时，他给我们讲了自己亲身经历的故事：

华克公司在费城承建一座办公大厦，对方要求必须在规定日期完工。刚开始，工程进行得非常顺利，眼看着整座办公大厦就要竣工了，但是，后来他们却遇到了一个大麻烦，负责楼内装饰所用铜制品的承包商却表示不能按期交货。

这个问题非常棘手，如果工程无法按时完工，那么，华克公司就要赔偿一大笔违约款。

华克公司与那位承包商沟通了很多次，打电话、争辩、请求都没有什么效果。于是，公司派卡伍先生前往纽约，去找那个承包商的董事长商谈。

卡伍刚走进那位董事长的办公室，就对他说："你知道吗？在纽约布鲁克林区，你的姓名是独一无二的。"

董事长非常吃惊地说："是吗，我并不知道有这种事。"

卡伍继续说："今天早上我刚下火车，就在电话簿上查找你的地址，发现电话簿上只有一个人叫这个名字。"

"哦,我从来没有关注过。"董事长说。

但显然卡伍的话题引起了他的兴趣,于是他拿起电话簿仔细翻找,果然发现了这个事实。随后,他非常自豪地说:"是的,我的姓氏并不常见,我的祖先是荷兰人,大约在两百年前移民到纽约……"

他侃侃而谈地说了十几分钟,介绍他的家族及祖先。

卡伍耐心地倾听,等到他说完之后又换了一个新话题,开始赞扬他的工厂。他说:"我以前到过很多类似的工厂,但是没有一家工厂比你们这里规模大,而且我也没见过这么整洁、这么井然有序的铜制品工厂。"

董事长高兴地说:"我白手起家建起这家工厂,并且为它花费了半辈子的心血和精力,这是我这一生最骄傲的地方,你愿意参观我的工厂吗?"

卡伍立刻回答说:"当然。"

在参观中,卡伍真诚地赞美说:"工厂的生产制度非常健全,我相信这是任何一家竞争对手都无法相比的,您的工厂真的太棒了。"随后他还看到了一台设计独特、看起来不寻常的机器,并且真诚地夸奖了一番。

这时,董事长自豪地说:"这台机器是我自己发明的,当初我可是花费了很长时间才研发出来的。"随后董事长开始不厌其烦地向卡伍介绍这台机器的操作方法,以及它的良好性能和工作效率。

后来，两人还一起共进午餐，交谈了很多事情，包括日常生活中的趣事。而在交谈过程中，卡伍一直都没有提到自己这次来访的目的。

午饭后，董事长说："我们现在谈谈正事吧！当然，我非常清楚你这次拜访的目的，但你是一个非常不错的年轻人，我没想到我们的交谈能这么愉快。放心吧，我们会准时完成你们需要的订单，即使耽误了其他生意，我也会把货品准时运送到你们工地。"

在这次拜访中，卡伍并没有说出自己的请求，但是他轻易达到了自己的目的，而那座办公大厦也没有出现任何问题，如期顺利完成了。

试想，在当时情况下，如果卡伍先生像以前的同事那样与对方激烈争辩，恐怕就会无法顺利完成任务了。

我们再来看看这个事例：

陶乐丝·鲁布卢斯基居住在新泽西州福特蒙马斯，并且在一家联邦信用合作社担任分行经理。她参加了我的训练班学习与人相处的技巧，不久后顺利地帮助职员改正了错误，大大提高了工作效率。

她在训练班上这样分享道：

最近，我们合作社来了一位年轻的女孩，做实习出纳员。她非常善于和顾客打交道,能很好地应付一些突发事件,出纳工作也非常准确有效。直到有一天,结账时出现了一个问题。

很快,出纳组长找到我,并强烈要求解雇她。出纳组长对我说:"她给所有人都带来了麻烦,耽误了大家不少时间。我教了她很多次,她还是不能胜任这个工作,她必须被辞退。"

第二天,我仔细观察了她的工作状态,发现她能迅速准确地处理日常业务,而且顾客对她也非常满意。但是,很快我就发现她在结账时确实存在问题。

下班后,我把她叫到办公室,她表现得非常紧张。我先赞扬她善于和顾客打交道,还夸奖她平时有不错的工作效率。随后,我建议她应该温习一下平衡现金的程序。

她听了我的话之后,心情顿时放松下来,并且恢复了自信心。在我的指导下,她很快就熟练地掌握了这项业务。从此,这位出纳员再也没有犯过类似的错误。

就像医生给病人拔牙前首先要使用麻醉药一样,我们在批评别人之前,应该先赞扬别人的优点,这样才能让别人更容易接受。

所以,如果你想要改变一个人而不造成伤害,就应该从赞扬开始。

2. 巧妙地用暗示让他注意自己的错误

直接指出别人的错误,不仅无法改变别人,反而会招来对方强硬的反抗。而用委婉巧妙的方式提醒对方,则会容易得到别人的赞同和欢迎。

有一天中午,查尔斯·史考伯到钢铁厂视察,发现几个工人正在抽烟。而在他们头顶上就有一块醒目的牌子,上面写着"禁止吸烟"。

史考伯会怎么做呢?直接指着牌子让他们熄灭手中的香烟吗?他自然不会做那么愚蠢的事情。

他走到工人面前,拿出自己喜爱的雪茄,给每个工人都发了一支,随后说道:"兄弟们,别客气。但如果你们能到外面抽这些雪茄,我会非常感激。"

工人立即明白了自己的错误。史考伯不仅没有批评指责他们,反而给了他们每人一支雪茄,这让工人非常感动。从此之后,工人更加敬重史考伯了,也没有再犯过这样的错误。

约翰·华纳梅克也善于运用这个技巧。

华纳梅克在费城有一家大商场,他每天都去那里视察。

有一天,他发现有一位女顾客在柜台前等候,可是没有一个售货员接待她。而在柜台另一端,那些售货员正聚在一起闲谈说笑。

华纳梅克什么也没说,他悄悄地进到柜台里面,亲自招呼这位女顾客。等到女顾客挑选完所有物品之后,他才叫售货员把这些物品包装起来,然后没有批评这些售货员一句就走了。

可是我相信,这些售货员肯定认识到了自己的错误,并且再也不会怠慢顾客了。所以,巧妙地让别人意识到自己的错误,才是最有效的方法。

官员常常因为不接待民众而受到公众的批评,不错,他们的工作确实十分繁忙。但,有时这些民众是被他们的助手拦下的,因为助手不想让自己的上司过于劳累。

卡尔·兰福特担任奥兰多市市长期间,经常对他的助手说:"不要阻拦那些民众,我可以抽出时间接见他们。"虽然他宣布实行"开门政策",但是,他的秘书和下属还是把很多民众挡在办公室门外了。

后来,卡尔·兰福特为了更好地实行"开门政策",

他想出一个好办法，那就是卸掉了自己办公室的大门。这样一来，他的下属再也无法阻拦那些来访的市民，他真的做到了"开门政策"。

如果你想要改变别人并且不伤害别人的感情，只需要换一种方式就可以得到很好的效果。

大部分人在把赞扬别人转到批评别人之前，都会使用"但是"这个词。比如，如果你想让一个孩子改掉读书不专心的毛病，往往会这样说："约翰，我感到非常高兴，这个学期你的成绩有很大进步。但是，如果你在数学方面再努力一些就更好了。"

在听到"但是"之前，约翰因为受到称赞，心情会非常愉快。可在听到"但是"之后，他马上会怀疑这个称赞的可信度。他开始意识到，其实你在批评他，然后，就会对你的话产生反感。

这样一来，我们的目的就很难实现了。

如果把"但是"换成"而且"呢？这样的效果会不会好很多？让我们尝试一下："约翰，我为你感到自豪，这个学期你的成绩有很大进步。而且，你的数学成绩还能提高一些，这样你就更出色了。"

这样一说，约翰会非常高兴地接受你的意见，因为他感受到了你的夸奖和鼓励，而不是直接的批评。这样一来，我们的目的也会轻易实现了。

尤其是对于那些非常敏感的人，我们应该巧妙地运用自己的智慧，暗示他们改正自己的错误，这样才能收到较好的效果。

玛·杰克是演讲训练班的学员，在一次课堂上，她给我们讲述了自己的故事。我们来看一下，她是如何让一些懒惰的建筑工人收拾好房子的：

在最初几天里，当杰克太太下班回到家时，都会看到满院子的木屑。工人的分内工作做得非常好，但是却不肯认真收拾院子。

于是，在工人离开后，她和孩子们就会把院子打扫得干干净净，并且把那些碎木头都整齐地排放在屋角。

第二天早上，她对工头说："你们的分内工作做得非常出色，而且，我也非常喜欢昨天晚上院子里干净整洁的样子，还不会冒犯到邻居。"

从那之后，工人每天下班前都会把碎木头收拾好，整齐地摆放在一边。工头每天还会检查一番。

预备军人和正规军人之间有一个最大的区别，那就是发型的不同。预备军人认为自己是普通民众，所以，他们非常抵触剪短头发。

哈雷是美国陆军第542分校的士官长，负责训练一批预备军官，他决定要解决这个发型问题。

如果在以前他训练的是正规军，那么，他就会强制他们执行命令。但是，现在他却不想这样做，因为他知道这么做会激起反抗的情绪。

哈雷对他们说："先生们，作为领导士兵的军官，你们必须给士兵树立一个好榜样，如果能以身作则的话，就会取得非常好的效果。

"你们应该知道，军队要求必须剪短头发的纪律。虽然现在我的头发比大部分人都短很多，不过，今天我仍然会去理发。你们可以照一下镜子，你们觉得自己能给士兵树立好榜样吗？我想，你们都是遵守纪律的人，我会给你们足够的时间以便到营区理发部理发。"

结果，所有人都按照要求剪短了头发。

所以，巧妙地暗示别人做错了事情，不仅可以让别人轻松地改变错误，更可以避免激发别人的反感。

1887年3月8日，一位牧师及演说家亨利·华德·毕奇尔不幸去世了。人们陷入悲痛之中，因为他们失去了一位最伟大的布道者。

就在那个星期天，人们要为他举行盛大的追悼会，而莱曼·阿伯特受到邀请，要给那些陷入悲痛的牧师们做一次演说。他非常重视这个机会，还特意搜集了很多资料，他一再修改、润色并且反复琢磨，终于完成了让自己满意的演讲稿。

他将这篇稿子读给妻子听，可是，妻子认为这篇演讲稿并不理想，只能算是普通的水平。

如果他的妻子不懂得运用这种方法，恐怕会这样说："莱曼，这篇稿子非常糟糕，它就像百科全书一样枯燥乏味，听众听了一定无聊得想要睡觉。你有多年的演讲经验，应该知道怎样演讲才更好。上帝啊，为什么你不能像普通人那样说话？为什么不能说得更自然一些？如果你真的拿这篇演讲稿去演说，一定会成为别人的笑柄。"

但是，她并没有这样说，她知道这可能会造成很严重的后果。所以，她对阿伯特说："如果你把这篇演讲稿拿到《北美评论》发表，一定会被评为一篇极好的文章。"

她首先称赞这篇稿子非常出色，同时巧妙地暗示自己的丈夫，这篇稿子并不适合在公众场合演说。

莱曼·阿伯特也明白了妻子的暗示，所以，立即撕掉了那篇绞尽脑汁写好却华而不实的演说稿。最后，他在演说时什么也没有准备，而是用最真挚的感情、最朴实的话语表达了对毕奇尔的悼念和尊重。

巧妙地暗示别人意识到自己的错误,不仅会让他们心甘情愿地接受你的意见,还会让他们感谢你的善良和宽容。

所以,如果你想要改变一个人而不给别人造成伤害,就应该用巧妙的暗示让他意识到自己的错误。

3. 先说自己的错误

如果我们在批评别人之前,谦虚地先说出自己的错误,那么,就会让别人心甘情愿地承认和改正他的错误。

几年前,我的侄女约瑟芬·卡耐基离开堪萨斯城来到纽约找我,于是我让她担任了我的秘书。那年,约瑟芬刚刚19岁,从家乡的高中毕业,是一个没有工作经验的小姑娘。但现在,她已经成为一位聪明能干的秘书。

在刚来的时候,她经常做错事。有一天,我正要批评她,心中突然有一个想法:"先等一等,戴尔,你的年纪比约瑟芬大很多,生活阅历自然胜过她很多倍,你不能要求她有你那样丰富的经验、判断力和处事能力。戴尔,回想一下,你在 19 岁时又是怎么做事的呢?那时候,你又犯过多少愚蠢的错误呢?"

我仔细地想了想,发现约瑟芬的表现比我当年好多了,并且我意识到,我好像从来没有因为她做得好而夸奖过她。

从那之后,当约瑟芬犯了错误时,我会这样对她说:"约瑟芬,你这里出现了错误,可上帝知道,我当年所犯的错误比你现在更糟糕。没有人天生就什么都会做,你工作时间长了,就会学到很多经验。

"当我和你一样大的时候,我的工作表现还不如你呢。我当时犯了很多可笑的错误,所以,我并不想批评你,也不想批评任何人。可是,如果你能这样处理一下,效果会不会更好一些呢?"

如果一个人首先谦虚地承认自己也会犯错误,那么,当他再批评别人时,就会让别人轻易地接受他的意见。

斯通先生生活在加拿大明尼托布兰敦,在一家公司担任工程师,他的秘书平时做事很不专心,经常会打错字。

让我们一起看看斯通先生是如何让她改变自己的:

和许多工程师一样,我的英文拼写水平不是很好。

最近几年,为了避免在工作中出错,我通常会把一些难记的词写在一个黑皮笔记本上。这样一来,我的英文拼写有了不小的进步。

但是,我的秘书却没有太大改善,出现的错误也越来越多。我知道,我不能直接指出她的错误,这或许没有太大的效果。于是,我决定改变方法。

当我再次发现她犯了错时,就会坐在她面前,对她说:"不知道为什么,这个词好像有些错误,而且我也不会拼写,所以,我才把它记录在记词本上。"

随后,我拿出那个黑皮本,找到那个词的正确拼法。"你看我找到了,现在我每次都注意它的正确拼法。如果我们总是拼写错误,别人可能就会质疑我们的职业水平。"

最后斯通说:"我不知道她是否采用了这种办法,但是自从那次谈话以后,她就很少在英文拼写上出错了。"

所以,我们在批评别人之前,应该先谦虚地承认自己也会犯错,这样一来别人就不会那么难以接受了。

德国总理大臣冯·比洛善于为人处世,并且懂得这种方法的重要性。1909年,当时的德国皇帝威廉二世是一个傲慢自大、独断专行的人,他疯狂地加强陆军和海军建设,并且幻想着能够征服全世界。

很快,这位狂妄的皇帝当众发表了一些令人难以置信的言论,这些可笑荒谬的言论在欧洲大陆乃至全世界都引起了轩然大波。

当时他正在访问英国，他说自己是唯一对英国友好的德国人；他说德国正在积极扩建海军，以对付日益强大的日本；他说如果没有他的帮助，英国早就屈服于俄国和法国的威胁之下了；他甚至说，如果没有他的细心谋划，英国罗伯特爵士根本不可能在南非战场打败荷兰人；等等。

而且，他还允许《每日电讯》将这些话在报纸上发表出来。

过去一百多年来，欧洲一直维持着和平稳定的局势，从没有一位国王发表过这样令人震惊的言论。这让整个欧洲大陆都愤怒不已，欧洲各国陷入骚动，英国民众尤为愤怒。德国的政治家也震惊不已。

这时，威廉二世也意识到了问题的严重性，于是，他找来了最信任的冯·比洛亲王，想让他为自己承担责任。他想让冯·比洛宣称这一切都是他的错，是他建议国王说这些狂妄愚蠢的话的。

冯·比洛并不愿意背这个黑锅，他说："这怎么可能会是我建议陛下说这些话的呢？不管是德国还是英国，都没有人会相信这个说法的。"

冯·比洛话刚说完，就意识到自己犯了一个大错。

威廉二世果然大发雷霆，他气急败坏地叫道："你认为我是一头愚蠢的驴子吗？就连你都绝对不会做的蠢事，而我却愚蠢地做了！"

冯·比洛明白，自己应该先恭维一下皇帝，然后再拒绝他。可是这时已经晚了，他只好选择退一步。他马上开始恭维威廉二世，然后想办法补救这个错误，而这也得到了非常奇妙的效果。

他恭敬地说："尊敬的陛下，我绝对没有这个意思，陛下在许多方面都胜过我，不论是在海洋知识方面还是在军事知识上都是如此。尤其是在自然科学方面，陛下的知识更是非常渊博。您总是可以侃侃而谈地谈论大气压、无线电报和伦琴射线，每当这时，我都敬佩不已。

"我对自然科学是一窍不通，对物理、化学等方面的知识更是一无所知，就是一些最简单的大自然现象我都不能解释清楚。所以，为了弥补我的无知，我才努力学习一些历史和政治方面的知识，希望对我的工作能有些帮助。"

面对冯·比洛的恭维和赞扬，威廉二世的怒气马上就全消了，并微笑着说："我经常对你说，我们彼此是相辅相成的，我们需要真诚的合作。而且为了加强这种互补，我也非常愿意这样做！"

威廉二世紧紧地握住冯·比洛的双手，并且等到冯·比洛离开后，他还激动地握着拳头说："如果有人在我面前说冯·比洛的坏话，我一定会打扁他的鼻子。"

正是因为冯·比洛懂得先谦卑地承认自己的错误，才让自己及时化解了一场危机。但是，刚开始时他还是犯了一个错误，作为一位经验丰富的政治家，他应该首先赞扬威廉二世的优点，而不是先暗示威廉二世是一个狂傲的笨蛋。

的确如此，谦卑地赞扬一下对方，就可以让一位傲慢固执的皇帝变成一个善解人意的皇帝。我们可以想象一下，在我们的日常生活中，谦卑和赞扬会有怎样的效果？如果我们善于利用这个方法，定会给我们带来很多惊喜。

如果一个人不肯改正错误，我们不妨先承认自己的错误，这样一来就可以更容易地帮助他改正错误。

很多人都懂得这个道理，马里兰州的克劳伦斯·周哈辛就是其中一员。

克劳伦斯有一个15岁的儿子大卫，有一天，他竟然看到大卫正在学抽烟。他感到非常吃惊，但是并没有直接批评儿子。那么，他又是如何处理的呢？

他讲述了自己的经历：

是的，我想阻止大卫抽烟，但是我和妻子平时都在抽烟，我们给孩子做了不好的榜样。于是，我并没有直接禁止他抽烟，也没有恐吓他吸烟有哪些害处，我只是给他讲了自己以前的事情。

我对大卫说:"我在你这么大的时候就开始学习抽烟了,并很快就染上了烟瘾。后来我的身体越来越差,现在咳嗽得厉害,这都是香烟中的尼古丁害的。"

大卫听了我的话,思考了一会儿,然后对我保证他上完高中之前一定会戒掉烟瘾。直到现在,他都没有再吸过。

从那次谈话后,我也开始尝试戒烟。在家人的帮助下,我终于成功地戒掉了烟瘾。

如果你想要让别人改掉错误,而又不引起别人的反感,就应该在指出别人的错误前,先承认自己也会犯错。

4. 命令式不受欢迎

"建议"往往比"命令"更有效果,不仅可以避免伤害对方的自尊,还可以让对方更愿意改正错误。

前一段时间,我非常荣幸地受到美国著名传记作家伊达·塔贝尔小姐的邀请,一起共进晚餐。我们交谈了很长时间,谈到了我正在写的这本书,谈到了与人交往需要的技巧。

她对我说:"当年我为欧文·杨先生撰写传记时,曾经采访了欧文先生的一个同事。那个人和欧文先生一起共事3年,并且在同一个办公室工作。"

那个同事告诉她,在那3年里,欧文先生从来没有向任何人发号施令过,他总是建议别人应该这样做,而不直接命令别人那样做。比如,欧文先生从来不会说"你要这样做""你不要那样做",而是用建议的口吻:"你可以考虑一下……""你认为这样做怎样……"

当他发现助手的文件出了错时,时常会这样说:"如果这句话这样写,你会不会觉得更好一些呢?"当他要求秘书记录一个口述文件时,也会征求秘书的意见:"你觉得这样说怎么样?"

他总是非常信任自己的助手,并且放手让他们自主地处理一些事。他从来不批评自己的下属,也不会干涉他们做事,只会让他们在偶尔犯错的过程中吸取教训,并改正错误。

运用建议的方式,不仅可以让人们轻松地改掉错误,而且还会让他们觉得受到了你的尊重,从而更愿意接受你的意见。

简单粗暴的命令,只会让人产生怨恨和对抗的心理。

就算是长者,如果一直用粗暴的态度指责别人,也会引起别人的反抗——即使他的出发点是为了让对方改正错误,是为了让对方获得好处。

在宾夕法尼亚州威明市有一所职业学校,唐·斯塔瑞利在这里当教师,他给我们讲了一个故事:

有一天,学生们正在上课,突然一位导师怒气冲冲地走进教室,大喊着:"外面是谁的车子,竟然堵住了通道?"

一个学生站了起来,怯懦地承认那是他的车子。学生回答后,导师更加粗暴地说:"现在你马上把它挪走,否则,我就会用铁链子将它拖走。"

不错,那个学生是犯了一个错误,不应该把车停在通道。但是,那位导师的粗暴态度却激起了别人的反感,包括那个学生在内的全班同学。他们对导师的行为感到非常愤怒,后来经常故意和那位导师作对。因为当时的方式让这个学生当众难堪,严重伤害了他的自尊。

其实,那位导师原本用不着这么做,就可以让那个学生认识到自己的错误。如果他能换一种方式和态度,或许就会有截然相反的效果。他可以礼貌地说:"请问,停在车道上的车子是谁的?"等那个学生站起来承认之后再说:"请把它开走好吗?否则别人的车子无法通过。"

这样一来,那个学生非常愿意把车开走,并且内心还会有些歉意,班里的同学自然也不会和他作对了。

有人敢接一项看起来根本不可能完成的任务吗?答案是肯定的,迈克先生就接下了这样一个订单,并且巧妙地让工人完成了这项任务。

让我们来看看下面的故事,他是怎样做到的:

迈克在南非约翰内斯堡的一家工厂担任经理,专门研究和生产精密仪器。

有一天,迈克接到了一个大订单,这可以让他赚取一大笔钱。可是迈克觉得,按照工厂目前的生产能力,根本不可能在规定日期内完成这个订单。但是,他又不想放弃这么好的机会,所以决定尝试一下。

他并没有直接下命令,让工人必须加紧完成这个订单,而是召集所有的工人开了一次动员大会。

在会上,他真诚地告诉大家所遇到的难题,还告诉工人们,如果能够及时完成这个订单,工厂就会获得很大的发展,每个工人也可以获得不少奖金。

随后,他开始向工人征求意见,并提出了一系列问题:

"如果想要完成这个订单,我们需要怎么做?"

"谁有更好的办法,能够提高工厂的生产效率?"

"我们应该怎样做，才能更合理地分配工作时间和加大力度，以便按时完成订单？"

工人都同意接下这个订单，并且积极主动提出了许多建议。他们认为，这个事情和自己息息相关，所以愿意加班加点工作，结果大大地提高了生产效率，最后，终于按时完成了这个订单。

如果我们可以把命令的语气变成询问的语气，不仅可以让对方容易接受我们的意见，还可以激发对方的创造力。这样的方式可以让对方参与到决策中来，那么，他们就会愿意更认真地去执行了。

所以，如果我们想要改变别人而不伤害别人的自尊和感情，就应该把"命令"转变成"建议"和"询问"。

5. 给人留面子

几年前，通用电气公司遇到了一件棘手的事情，他们必须罢免查尔斯·史坦恩梅兹财务主管的职务，因为史坦恩梅兹虽然是电器方面的天才，可他对于财务却一窍不通，工作做得也是一塌糊涂。但公司不想失去史坦恩梅兹这个人才，因为在很多方面公司都离不开他，可他却是一个非常敏感的人。

于是，有人想出了一个很好的办法，公司专门给他设置一个新头衔，请他担任通用电气公司的特别顾问工程师，并且任命一位精通财务方面的人才担任财务主管。

史坦恩梅兹非常高兴地接受了这个头衔，他不仅没有觉得被罢免，还觉得受到了公司的重视。

这样一来，通用公司留住了一位出色的人才，也没有和这位敏感的专家发生丝毫冲突。事情得到了顺利解决，这完全是因为公司给史坦恩梅兹留了足够的面子。

给别人留面子，这是与人交往最重要的原则。

我们经常会忽略这一点，办事不留一丝余地，丝毫不关注他人的感受。我们会肆无忌惮地当众批评指责别人，而毫不关心是否伤害了别人的自尊。很少有人能意识到，只要我们对别人宽容一些，说一些宽慰体谅的话，就可以避免造成伤害。

即便是辞退用人或是员工，我们也应该注意顾全他们的面子，这样一来，就可以赢得别人的尊重。

会计师马歇尔·格雷克曾经给我写过一封信，我们来看看下面的内容：

/ 第三章 / 改变他而不伤害他

不管是辞退员工，还是对于被辞退的员工来说，都不是一件有趣的事情。由于公司的工作具有明显的周期性，所以每年三月的时候，我都必须辞退一些额外的员工。

按照往常的做法，我总是直截了当地辞掉这些员工。我通常会这样说："请坐，史密斯先生，现在旺季已经过了，公司已经没有多余的工作给你了。我想你也知道，过去是因为我们忙不过来，所以才临时聘请你们的。"

这样的说法肯定会伤害他的自尊，让他有一种被抛弃的感觉。这些人大概一辈子都会从事会计这个行业，对于丝毫不给他们留面子的公司，自然不会产生好感。

最近我参加了演讲训练班，决定使用课上学习到的方法来处理这个棘手问题。

在裁掉那些过剩员工之前，我先仔细了解他们在这一季的工作表现，然后分别把他们叫到办公室来，我会这样说："请坐，史密斯先生，这一季你表现得非常出色，给了公司很大的帮助。那次你到纽华克出差，去处理一件非常棘手的案子，你十分出色地完成了任务。

"我希望你知道，公司为你的出色表现而感到骄傲。你的业务能力非常强，无论你走到哪里都会有很好的表现。我们公司十分相信你的能力，也感激你在这一段时间的付出，希望下次还能继续和你合作，有时间你也可以经常来这里坐坐。"

这样一来，那些被辞退的人似乎就没有那么不愉快了，反而多了一些感激和期待。他们明白，公司并没有抛弃他们，而是公司确实没有什么工作可做了。等到了下一季，我们再次邀请他们过来帮忙时，他们还是愿意回来的。

在一次演讲训练班上，两个学员也曾经探讨过如何给别人保留面子的问题，来自宾夕法尼亚州的弗瑞·克拉克给大家讲了一件自己公司发生的事：

在一次高层员工会议上，公司的一位副董事长严厉地批评了一位负责生产监督的部门主管。

面对尖酸刻薄的语言，主管的面子很快就挂不住了，脸刷的就红了，回答问题时也是支支吾吾。

那位副董事长不仅没有收敛，反而更加过分，大声地指责那位主管胡说八道。主管在高层会议上当众被指责，这让他感到自尊心受到了极大伤害，从此之后再也无心好好工作，而在这之前，他其实做得非常出色。

几个月后，那位主管就向公司递出辞呈。据说，后来他在其他公司干得非常好，也受到了重用。

安娜·马佐尼也是这个演讲训练班的一位学员，她讲述了一件类似的事情，但是因为处理方式不同，所以，结果也会截然相反。

马佐尼小姐在一家食品包装公司做市场营销，她刚刚进入这个行业时，第一件事就是负责一个新产品的市场调查。她在班上讲述了自己的亲身经历：

当我做完这个市场调查后，发现自己犯了一个很大的错误，我必须重做一遍整个测验，才能得到准确完整的报告结果。最令人头疼的是，在重做测验之前，我必须要向老板做详细报告。

因为这是我负责的第一个项目，所以，在向老板做报告时心里非常紧张、害怕。我努力克制自己的情绪，不让自己哭出来。我毕竟是一个女人，在遇到问题时还是难免敏感、脆弱。

我的报告很简短，只是说明自己犯了一个错误，必须重新再做一次测验，并且向老板保证，下次会议前一定会把它做好。

我说完后，就静静地站在那里，等着老板训斥我。

出乎意料的是，老板不仅没有指责我，还真诚地宽慰了我几句。他微笑着对我说："第一次完成任务难免会犯错误，这没什么大惊小怪的，我相信你下次一定可以做得更好。"

美好的人生

离开老板办公室后,我决心一定要认真工作,不辜负老板的期望。

同样是犯了错,但是由于处理问题的方式不同,结果也会大相径庭。有时即使别人犯了错,我们是正确的,但是,我们当面给别人难堪,让他们过于丢面子的话,只会让事情变得越来越糟糕。

安托安娜·德·圣苏荷依是法国著名的飞行家,也是一位出色的作家,他曾经说过这样一段话:"我没有权利做或者说任何伤害别人自尊的事情,最重要的并不是我怎样看他,而是他怎样看待自己——伤害别人的自尊,就等于是犯罪。"

真正的领导者绝不会让别人难堪,也不会伤害员工的自尊,他们总是委婉地提出意见让别人改正自己的错误。

德贝特·摩洛就是这样善于处理人际关系的人,他可以让两个水火不容的仇家化敌为友。他是如何做的呢?他通常会仔细找出双方都占理的地方,并对这一点大加赞扬,直到双方都满意为止。而且,无论在任何时候,他都不会指责对方的错误。

真正睿智的大人物,绝不会在对手面前炫耀自己的胜利,或是当众羞辱对方的失败。因为这样做,不仅会伤害对方的自尊,更会显示出自己的自私和狭隘。

我们来看下面这个例子：

在经过几百年的被占领和奴役之后，在1922年，土耳其人决定要把希腊人赶出土耳其的领土。

当时的土耳其总统穆斯塔法·凯末尔就像是威风无比的拿破仑一样，对准备出征的土耳其士兵发表了慷慨激昂的演说，最后他说："你们的目标就是要打到地中海。"

双方展开了一场激烈的战争，土耳其最终获得了胜利。希腊的两位将领迪黎科皮和迪欧尼斯来向凯末尔递交投降书，一路上他们遭到了土耳其人的辱骂和羞辱。

当凯末尔面对两位手下败将时，他并没有摆出胜利者的姿态，也没有趾高气扬地对待他们。他紧紧地握住他们的手，真诚地说："两位将军快请坐，你们一定感到非常疲惫吧！"

随后他们商谈了战争的细节，凯末尔为了不让他们感到难堪，还宽慰他们说："在战争中，没有人是不败的将军，最出色的将军也并不一定就是赢家。"

凯末尔并没有被胜利冲昏头脑，更没有因为自己的胜利而羞辱对方，而是顾全了对方的面子。

所以，如果你想要改变别人，并赢得别人的好感，就应该顾及对方的面子，避免伤害别人的自尊。

6. 赞扬的魔力

喜欢驯狗的人，都懂得赞美的重要性。即使是赞扬小狗一点小小的进步，都会让它更高兴、更努力。

既然这样的方式可以轻易地改变宠物，那么，我们在想要改变别人时，为什么不运用这样的方式呢？为什么不尝试用赞扬代替斥责呢？这样做，或许可以让我们得到很多意外的收获。

我有一个朋友叫派特·巴洛，他是马戏团的驯兽员，每天都会训练那些狗和马表演节目。

他在驯狗时非常讲究技巧，只要小狗有了一点进步，他都会轻轻地拍着它的头，夸奖它表现得不错，并且还会喂它肉吃作为奖励。

其实，这不是什么新鲜事，几百年来，驯兽师们都懂得运用这个技巧。

我常常想，这样的方法运用到人身上，也可以起到相同的作用吗？不错，答案是肯定的。给予别人一些鼓励和赞扬，他们就会慢慢进步，并且愿意接受你的意见。

著名心理学家杰丝·雷恩写了一本名叫《孩子，我不是完美的，但我是真实的》的书，书中有这样一段话："赞扬就像阳光一样，温暖着人类的心灵。在我们成长进步的过程中，始终无法离开这种环境，可是大部分人却总是喜欢讽刺挖苦别人，很少去赞扬别人。"

在我回忆过去的时候，我总是清晰地牢记那些赞扬和鼓励，因为它们改变了我的整个人生。在你的回忆中，是不是也可以找到同样的情形呢？那些赞扬和鼓励，总是可以在不经意间激励你进步，并且拨动你的心弦。

有这样的一个例子：

很多年以前，一个刚满10岁的男孩在那不勒斯的一家工厂做童工。他非常喜欢唱歌，并且梦想着成为一名著名的歌星。

可是，他的第一位音乐老师却无情地打击了他的自信心，这位老师对他说："你唱不了歌，你嗓子发出的声音太难听了。"

孩子听了这句话之后，心里感到十分难过。

虽然男孩的母亲是一个贫苦普通的乡村妇女，但是却给了儿子最大的鼓励。她搂着儿子说："孩子，不要灰心，我相信你一定能唱好，你现在比以前进步了很多。"

美好的人生

之后,那位母亲非常努力地工作,甚至光着脚去做工,积攒下来钱给儿子交音乐课的学费。母亲的不断鼓励,从而改变了这个孩子的命运。

这个孩子的名字你们一定听说过,他就是那个时代最伟大的歌唱家恩里科·卡鲁索。

所以,我们应该懂得如何赞美和鼓励别人,因为即便是一点点的进步都值得被夸奖。

19世纪初期,伦敦有一位年轻的小伙子,梦想着成为一位作家。他的一生经历了无数挫折和坎坷:家境贫寒的他只读了几年书,父亲因为无法偿还债务而被判入狱,这让他的生活更加困难,经常挨饿受冻。

后来,他终于找到了一个给鞋油筒贴标签的工作,可是工作环境非常差,是在一个老鼠到处乱跑的破旧仓库。

到了晚上,他就和另外两个男孩睡在一个阴暗破旧的楼顶小房子里。那两个男孩是来自伦敦贫民窟的贫民,当他们读他的作品时,总是说他写得很糟糕。

这严重打击了小伙子的自信,所以,他总是在深夜时分悄悄邮寄自己的书稿。

他不断地向出版社投稿,可是全部都被退了回来。

后来,他的一篇稿子终于被一家出版社选用,还受到了一个编辑的肯定和赞赏,虽然他没有得到一分稿费。他流下了激动的眼泪,在街道上漫无目的地走着。

就是这个小小的赞扬,不仅增加了小伙子的信心,还彻底改变了他的整个命运。

如果不是这个赞扬,他可能一辈子都会过着清贫的日子,只能待在老鼠满地跑的仓库里工作。这个小伙子就是世界著名作家查尔斯·狄更斯。

我们再来看看下面的例子,一个男孩就是因为受到了鼓励和赞扬,从而成就了非凡的事业。

很多年前,有一个十几岁的男孩子,由于家境贫寒不得不在杂货店里干杂活。

这份工作非常枯燥和劳累,他每天5点钟就必须起床,然后忙着打扫店铺、招呼顾客和整理货物,每天都要工作长达14个小时。

他非常讨厌这个工作,但是,为了维持生计又不得不坚持下去。两年后,他终于坚持不下去了,一天早上,他连早饭都没吃就去找自己的母亲。

他的母亲在十几英里远的地方,给一个富人家做管家。

他情绪非常激动,跪在母亲膝下并且痛哭流涕地说:"我再也坚持不下去了,如果再让我干那个工作,我宁愿自杀。"然后,他还给自己过去的校长写了一封信,信中表达了自己的绝望和痛苦,还说自己根本不想活了。

那位校长很快给他回了信,称赞他是一个聪明能干的男孩子,应该选择一些合适的工作,并介绍他到一所学校做教员。

这些赞许和鼓励,让这个男孩子重新恢复了自信,也彻底改变了他的人生。后来他成了英国著名的作家,写了很多受读者喜欢的畅销书,并且赚取了上百万英镑的财富。

这个男孩子就是英国著名作家韦尔斯,他一生中完成了77部作品,在英国文学史上留下了光辉的一页。

正如伟大的心理学家施金纳所说:"多一些赞扬和鼓励,少一些批评和指责,人们就会多做一些好事,少做一些不好的事情。"他经常鼓励人们,多用赞扬而不用批评去对待他人。

所以,如果我们想要改变一个人,想要别人同意我们的看法,就应该称赞别人的每一次进步,即便是最细微的进步都值得被赞扬。

7. 送人一个好名声

送人一个好名声，即使当时名不副实，也会让人努力朝着这个目标前进，好让自己配得上这个名声。

如果一个能干的员工突然变得工作不积极，你会怎么处理呢？辞掉他？这并不能解决问题。批评他？这或许会引起他的反感和愤恨。

亨利·韩克在印第安纳州洛威的一家卡车销售公司担任部门经理，有一个职工以前工作非常出色，现在却越来越糟糕，工作散漫而不负责。亨利·韩克并没有直接训斥他，而是把他叫到办公室，真诚地和他交谈了一番：

比尔，你在公司工作很长时间了，你的专业技术也非常出色，为顾客解决了很多难题，顾客对你的表现称赞不已。

但是最近，我发现你的工作效率降低了，工作质量也没有以前好了。你以前是多么精明能干啊！我想让你知道,我非常喜欢你原来的样子,现在你的工作状态出现了问题,我们应该一起好好想想办法,来解决这个问题。

比尔听了这些话后,抱歉地说:"对不起,经理,如果你没有提醒我,我都没有发现自己的工作状态出了问题。我向你保证:一定干好本职工作,不会让你失望的。"

他做到自己承诺的事情了吗?是的。他本来就有这个能力,再加上韩克先生的赞扬和鼓励,他很快又重新成为公司里的最佳员工。

比尔工作效率下降时,韩克先生并没有严厉批评他,而是给了他一个好名声,这是最大的鼓励和动力。

塞缪尔·华克莱创办了鲍丁火车厂,并且取得了非凡的成就。他说:"如果你尊重一个人,尤其是你对他的某种能力表现出钦佩时,那么就会轻易地引导他。"这也就是说,如果你想要改变一个人,就应该认同并且赞扬他某个方面的能力。

正如莎士比亚所说:**"如果你缺少某一种品行,那就假装自己已经具备了这种品行。"** 奇妙的是,如果你告诉别人他拥有某种良好的品行时,那么,他就会努力地朝着你所希望的那样去做。

乔吉特·勃布朗在她的著作《我与梅特林克的生活》中,描写了一个比利时普通女孩的故事,这个女孩在受到夸奖之后发生了巨大的变化。

在书中她这样写道：

隔壁饭店有一个年轻的女服务员玛希，她经常来给我送饭。因为她最初的工作是洗盘子，所以，人们都叫她"洗盘子的玛希"。她长得并不漂亮，眼睛有一些斜，脚有些外八字，而且平时做事显得有些笨拙。

有一天，她给我送来通心粉，我对她说："玛希，你有没有发现自己也有美丽的一面？"

她好像已经麻木了，听到我的话之后愣了一阵，然后把通心粉小心地放在我的书桌上。她叹了一口气，说："我从来都不知道自己也有美丽的一面。"之后，她没有再和我说话，只是不断地重复着我所说的话，然后就离开了。

从那之后，人们发现她有了很大的变化。因为她相信自己确实有美丽的一面，只是自己没有发现而已。于是，她开始注意自己的形象，并且显示出少女的青春和活力。

两个月后，她告诉我，她要和大厨师的侄子结婚了。她说："我要成为一名淑女，一名青春靓丽的淑女。我十分感谢您的夸奖和鼓励，否则我不会变得自信起来，更不会改变自己的命运。"

乔吉特·勃布朗给这个普通并且自卑的女孩戴上一顶"美丽的帽子",而这顶"美丽的帽子"恰好改变了她的人生。

佛罗里达州的比尔·派克是一位推销员,为一家食品公司工作。他们公司最近推出了一系列新产品,这让他感到非常兴奋,决定大干一场。

这时,他突然遇到了一个大麻烦,一家大型食品商场拒绝推销他们的新产品,并且撤掉了该产品的展销柜台。这让比尔感到非常郁闷,随后他思考了很长时间,决定下午去找那家商场的经理好好谈谈。

当他们见面后,他对那个经理说:"杰克,我想我没有给你解释清楚,你并不十分了解我们最新推出的产品。如果你现在有时间,我非常愿意再给你介绍一下我疏忽的地方。

"我知道你是善于倾听的人,并且具有宽容的良好品格,对于这一点,我感到非常佩服。我还知道,你总是根据实际情况来调整和改变自己的决定。"

比尔给杰克戴上了一顶"高帽子",夸奖他是一个善于倾听的人,杰克还会拒绝与他交谈吗?还夸奖他是知错能改的人,杰克还会拒绝推销他们的产品吗?所以,不妨给别人一顶"高帽子",这样才能轻易地改变别人。

这里还有一个比较典型的例子:

马丁是都柏林一位有名的牙医。一天上午,他正在给一位病人看牙,这位病人说诊所摆放漱口杯的托盘有些锈渍。这让他非常震惊,仔细一看果然如此。虽然病人使用的是漱口杯而不是托盘,但这毕竟会让病人感到不舒服,并且会影响诊所的专业形象。

于是,他马上给病人道歉,并且保证以后不会再出现这样的问题。之后,他给负责打扫诊所的小时工布丽吉特写了一封信。布丽吉特每个星期都会来两次,做一些清洁工作。

这封信是这样写的:

亲爱的布丽吉特:

最近我们很少见面,感谢你每周都能帮我打扫诊所,你做得非常出色,我非常满意你的表现。

顺便说一下,每星期两个小时的打扫时间或许不够用,如果你方便的话,可以每次增加半小时的时间,这样就可以打扫得更彻底一些,比如清理漱口杯托盘等。当然,我会按照你实际工作时间给你增加薪水的。

再次对你表示感谢。

第二天，当马丁来到诊所时，发现诊所被打扫得干干净净，桌椅被擦得就像镜子一样明亮。治疗室的器具也非常干净，那些托盘的锈迹也不见了，并且整齐地摆放在存储器里。重要的是，做这些工作她根本没有增加额外的时间。

这是因为马丁给了她一点赞美，让她知道自己是一个认真负责的人，所以，她才会在没有增加时间的情况下，把工作干得这么漂亮。

有这样一句俗语："给小狗取个糟糕的名字，还不如吊死它。"可见，夸奖和赞美是多么重要！

露丝·霍普斯金在纽约布鲁克林一所小学当教师，负责的是四年级的学生。开学第一天，当她查看班里学生的花名册时，感到非常头疼，因为这个班级有一个名叫汤姆的小男孩，他是全校最出名的"捣蛋鬼"。

在上一学年，三年级的老师就经常向校长和同事抱怨，说汤姆经常和男生打架、欺负女学生、不遵守学校纪律，是一个非常顽皮的男孩。不过汤姆又是一个非常聪明的孩子，学习成绩一直都不错。

霍普斯金太太决心要改变汤姆，让他成为一个好学生。当她第一次在班上点名时，每点一个学生的名字就夸奖他们一番。她这样说："罗丝，你今天的衣服非常漂亮。""爱丽西亚,我听说你的绘画水平不错。"

当她点到汤姆时,微笑地看着他说:"汤姆,我知道你非常聪明并且有领导天赋,我希望你能帮助我,把我们班级变成全年级最优秀的一个班级。"

从此之后,她经常夸奖汤姆的优点,并且强调他具有领导者的素质。这样一来,汤姆果然发生了很大变化,这个9岁小男孩最后成了全校最出色的学生。

因为霍普斯金一直表扬汤姆是"好学生",所以,为了能够让自己配得上这个美名,为了不让霍普斯金老师失望,汤姆一直都在努力改变自己。

所以,送给别人一个好名声,这样不仅可以让一个人改正缺点,并且可以让他成为你所希望的那样。

8. 让对方觉得问题并不难解决

把信心传递给别人,让他相信问题其实并没有那么难,这样就可以鼓励他解决棘手的问题。曾经有一个连续两年留级的孩子，就是因为在别人的激励下，增强了自信心，从而变成了一个优秀的学生。

我有一个朋友，40岁之前一直过着单身生活，最近终于要和女朋友订婚了。他的未婚妻希望他能学习跳舞，他也请了舞蹈老师教授自己。

他给我讲述了事情的经过：

我知道自己的舞蹈水平一般，从20年前开始跳舞以来，我的水平就这样。可是我的第一位老师对我说："你的舞步完全不对，必须扔掉以前的那一套从头学起。"

上帝啊，他竟然让我从头学起，这让我完全失去了信心，一点没有了学习兴趣。我本想放弃学习跳舞，可是未婚妻却一再坚持，我只好又换了一个老师。

第二位老师知道我的水平一般，但是她的话却让我比较容易接受。她对我说："你的舞步虽然有些过时了，可基础还是比较扎实的，只要你再学一点新东西，就可以更出色了。"

第一位老师总是挑我的毛病，打消了我的积极性。而第二位老师却经常夸奖我做得好的地方，大大增加了我的自信。比如，她赞扬我的韵律感比较好，说我天生就有跳舞的才华，等等。

我知道她说的也许不是真的，我不可能成为一个真正优秀的舞者,但我还是感到非常高兴。因为谁都喜欢被夸奖,而不是被指责得一无是处。虽然她这样说可能是因为我付了她学费,但是这已经不重要了。

最后朋友对我说:"我想,正因为她夸奖我有天生的韵律感,所以我才能有那么大的进步。也正是因为她的鼓励和夸奖,才让我有信心克服困难。"

如果你总是说自己的孩子、爱人或者下属在某方面非常笨拙,根本不适合做那件事,那么你就犯了一个天大的错误。因为,这样会严重打击他们的积极性,更会伤害他们的进取心。

相反,如果你能包容他们的缺点和不足,并且不断给他们鼓劲和赞扬,告诉他们,你相信他们的能力,那么就会增强他们的自信心,让他们朝着目标不断地努力和进步。

罗维尔·托马斯非常善于处理人际关系,他也懂得运用这个道理。他知道给别人信心和勇气,就会促进别人不断的进步和改变。举一个例子:

有一次,托马斯夫妇邀请我共度周末。那天晚上,他们请我一起参加桥牌友谊赛。可我对桥牌一窍不通,这游戏对我来说,就像魔术一样神秘。于是,我赶紧对他们说:"不,我真的玩不了这个。"

托马斯却轻松地对我说:"怎么会呢?戴尔,这个没有什么难的,它非常简单。你的记忆力和判断力不是很好吗?只要你能记住牌,然后做出正确的判断就行了。你不是还写过有关记忆的文章吗?这对于你来说,实在是太简单了。"

在他的鼓励下,我不知不觉地坐在牌桌前了。

这是我第一次玩桥牌,就是因为托马斯的夸奖,说我有玩桥牌的天分。

说起桥牌,不禁让我想到了著名的桥牌专家艾利·库柏森。他在桥牌界非常有名,还写作了很多有关桥牌的书籍,这些书被译成十几种语言,在世界各地受到读者的欢迎,销量达到了百万册以上。

但是,他曾经对我说过,这完全是因为一位年轻女士的鼓励,否则他不会取得如今的成就。

1922年,库柏森来到美国,原本打算成为一名教授哲学和社会学的老师,但是却一直没能如愿。后来,为了生计他当上了推销员,先后卖过煤和咖啡,结果都失败了。

当时,他偶尔也会玩玩桥牌,但是从来没有想过会成为专业的桥牌玩家,更没有想到有朝一日会教别人玩桥牌。

刚开始,他的桥牌技术非常差,并且脾气也很固执。他经常输牌,还典当了自己的财物,甚至还会和别人发生争执，所以，大家都不愿意和他一起玩。

后来库柏森遇到了约瑟芬·迪伦，她是一位美丽的桥牌教师。在学习桥牌的过程中，他爱上了约瑟芬，并且，他们很快就结婚了。

约瑟芬发现库柏森有一个优点，总是用心地研究自己手中的牌，于是就对他说："你知道吗？你在桥牌上很有天赋，只是你自己没有发现而已。"

从此之后，库柏森增强了信心，通过不断地努力，终于成为一名出色的职业桥牌玩家。所以说，我们应该多鼓励和赞扬别人，让他们具有解决问题的信心。

我们再来看看下面的例子：

在俄亥俄州辛辛那提，我们有一位教授课程的导师琼斯，他在课上讲了自己的故事，说他是如何运用这个道理来改变自己儿子的。

我年满15岁的儿子大卫来到辛辛那提，准备和我一起生活。

他过去经历了很多苦难，是一个非常不幸的孩子。在3岁时，他遇到一次车祸，头部受了严重的伤，虽然手术非常成功，但是额头上却留下了一道非常难看的疤痕。

两年后，我和他母亲因为某种原因离了婚，他和妈妈一起去了得克萨斯州的达拉斯。

在这之前,他一直都在达拉斯的特殊班级上课,这是学校专门为那些智力有障碍的孩子开设的。

或许是因为大卫头上有伤疤的原因,所以,学校领导认为他的大脑受过伤害,智力有问题,因此他被留级了两次,当他来到辛辛那提时,他才上七年级。他不会背乘法口诀,只能用手指做简单的加减法,阅读能力也很差。

值得庆幸的是,大卫非常喜欢研究收音机和电视机,并且想成为维修电视机的技师。我非常支持他这个想法,并对他说:"你只有学好数学,将来才能成为一位出色的技师。"

从那之后,我开始帮他学习数学,并给他买了四组彩色卡片,好练习加减乘除的运算。

在学习时,我们会一起看卡片,然后把正确答案放在一边。如果他算错了,我就会告诉他正确答案,然后再把这个题目放到另一边,直到所有题目都算对为止。经过一段时间的训练,他终于算对了所有题目。

之后,每天晚上我都会让大卫完整地做一遍所有的题目,并且开始给他计时。我对他说:"如果你能在8分钟里算对所有的题目,那么我们就可以休息了。"

对大卫来说,这似乎是非常困难的事情,因为他之前的数学水平实在太差了。

第一天晚上,我们花费了52分钟,第二次花费了48

分钟,接下来是 45 分钟、43 分钟、41 分钟……每当大卫有进步的时候,我都会鼓励他,并且庆祝一番。

后来,当他能在 40 分钟之内完成所有的题目时,我高兴地叫来妻子,我们一起高兴地为他庆祝,并且抱着他跳起了吉格舞。

经过一个月的训练,奇迹出现了:大卫在 8 分钟内算对了所有题目。这让我感到非常吃惊和感动,于是我不断地鼓励他,而他也不断地进步。终于,他发现数学其实并没有那么难,并且发现了学习数学的乐趣。

于是,他的数学成绩不断进步,在一次考试中,数学成绩获得了"B"。他兴奋地拿着成绩单给我看,而我也给予了他最大的奖励,因为这是我以前根本不敢想象的。

当大卫提高了学习数学兴趣的时候,其他方面的成绩也有了惊人的进步。他的阅读能力开始有了很大提高,并且表现出了绘图天赋。

到了那个学期快结束时,班上的科学老师还推荐他参加了一个展览比赛。他制造了一个高难度的复杂模型,并且运用到了杠杆原理。这些模型不仅需要绘画和动手的技巧,而且还需要运用数学、物理等方面的知识。

最后,他的作品在学校科学展览比赛中赢得了第一名。之后,他还参加了辛辛那提市科学展览的比赛,并且获得了全市第三名。

大卫之所以能获得这么好的成绩，是因为获得了父亲不断的鼓励和赞扬。

曾经他是一个非常笨拙的孩子，学校还认为他有智力障碍，甚至被同学叫作"现代原始人"。但，当他发现学习并不是那么困难的事情时，在他发现了其中的乐趣时，就创造了一个又一个的奇迹。

从八年级的第二学期开始，一直到上高中之前，大卫都是学校最出色的学生之一。在上高中期间，他还被全国荣誉协会选为"荣誉公民"。

所以，一旦人们发现了自己的潜力，并发现学习是一件容易的事情时，那么就可以做得更好，从而改变自己的整个人生。

如果你想改变别人，让他们不断进步，就应该多多鼓励和赞扬他们，让他们觉得他的问题并不难解决。

9. 让他高兴地照着你的意思去做

如果你想让别人高兴地按照你的意思去做，你就必须让他知道，无论是对于你，还是对于这件事，他都具有非常重要的意义。

1915年，美国陷入一片恐慌之中，因为欧洲发生了激烈的战争，各个国家都陷入厮杀之中。

战争已经持续了一年多，到处尸横遍野、血流成河，其规模和惨烈程度都是空前的。没有人知道欧洲什么时候才能恢复和平，也没有人知道和平是否还能降临在这片土地上。

但是，当时的美国总统威尔逊想要阻止这一场浩劫，于是，他想派出一位和平使者，去跟参战的欧洲各国斡旋商谈，以谋求恢复和平的方法。

当时的美国国务卿威廉·詹宁斯·布莱恩，是一位倡导和平的政府要员，他想要代表总统前去欧洲商谈，因为他觉得，这是可以让自己流名千古的大好机会。

可是威尔逊并没有选择他,而是委派了好朋友兼顾问爱德华·豪斯前往欧洲。豪斯虽然愿意接下这个任务,但是担心会因此得罪了布莱恩。

那么,他是怎样处理这个问题的呢?

豪斯在日记中回忆了这件事:

当布莱恩得知这个消息后,显得非常失望。他本来以为总统肯定会派他去做这件事。

于是,我这样对他说:"总统先生认为这是一个非常敏感的时期,并不适合派正式官员去做。他还认为,如果自己派一位国务卿去完成这个任务,一定会招来很多非议和猜测。"

你知道这句话的含义吗?豪斯其实在暗示布莱恩,国务卿的职务太重要了,做这件事情实在太显眼了。这样一来,布莱恩即便有些不满,也没有什么话可说了。

豪斯非常善于与人打交道,他懂得与人交往的重要原则和秘诀,那就是:让别人心甘情愿地去做他所建议的事情。

不错,这个原则在人际交往中非常重要,威尔逊总统也善于运用这个原则。当他组建内阁时,想要邀请威廉·吉布·麦克阿杜担任财政部长。

对于麦克阿杜来说，进入内阁本身就是一项非常高的荣誉，而威尔逊的真诚邀请方式，更让他感动不已。

下面，我们来看一下麦克阿杜是怎样说的：

威尔逊告诉我他要组建新内阁，如果我愿意出任财政部长，他将感到万分感激和荣幸。

他的话让我感到非常舒服，他给了我一种感觉，那就是：我对于他来说非常重要，如果我接受了这个任命，就等于帮了他大忙。

但不幸的是，威尔逊虽然知道这个原则，但并没有始终坚持这样去做。如果他始终坚持这个原则，他的成就会更大，那么历史或许会发生巨大改变。比如，威尔逊建议参加国际联盟，可是在商议这件事时，他却将国会及共和党人都排除在外，还发生了激烈的争论。

威尔逊只选择了身边的亲信，而拒绝了戴洛德、休斯等著名的共和党领导人。他竟然说，参加国际联盟只是他个人的建议，根本不关共和党的事，所以，他拒绝他们参与此事。

就这样，他因为采取了蛮横的方式，而使美国参加国际联盟遭遇了失败。不仅如此，他还因此毁掉了自己的政治生涯，甚至损害了自己的健康。

这完全是因为他违背了人际关系的原理，并且没有让共和党人感觉到自己的重要性。

这个原则不仅适用于政治家和商人，还适应于我们普通人。印第安纳州的戴尔·佛瑞是培训班的学员，他就是运用这个原则，让自己的孩子自愿去做简单且单调的家务劳动的。

我有一个朋友，因为工作繁忙，他不得不经常推辞各种各样的演说邀请，其中也包括来自朋友的邀请。虽然他拒绝了别人的邀请，但是他处理得非常得当，并没有让被拒绝的人感到不快。

那么，他是怎样做到这一点的呢？

他不会这样说："对不起，我最近非常忙，根本没有时间。"

他也不会这样说："对不起，因为某个原因，我不能接受你的邀请。"

他首先会对别人的邀请表示感谢，然后为自己的推辞表示抱歉，最重要的，他会给别人再另外推荐一位非常合适的演说者。也就是说，对方还没有来得及感到被拒绝，他已经推荐了一个新的合适人选。

这样考虑周到的人，怎么会招来别人的不满呢？

我们再来看一下这个事例：

亨特·施密特是我的一位学员，曾经参加过我们在费

城的培训课程。他是一家食品店的老板,他给我们讲述了一个雇员的事情:

食品店有一个年轻的雇员,做事并不认真,经常忘记给各种货物贴价签,这给顾客带来了很大麻烦,顾客都抱怨连连。虽然施密特提醒和警告了他好几次,但他总是改不了这个毛病。

后来,施密特把他叫到办公室,任命他为货物管理员,负责全店货物的价签事宜。从此之后,那个雇员彻底改变了自己的态度,他再也没有出过一次错误,而且还把有关价签的事宜管理得非常到位。

其实早在几百年前,拿破仑就懂得运用这个原则。

当时,拿破仑创立了荣誉勋章,并且发给了15000名立有战功的士兵,之后他又册封18位将军为"法国元帅",并把他的军队取名为"无敌陆军"。

那时,有人认为拿破仑的举动非常幼稚,批评他用小孩子的"玩具"来对待那些久经沙场的军队官兵。可是,拿破仑却这样说:"人就是受玩具支配的。"

每个人都喜欢夸奖和赞扬,并且喜欢拿到"荣誉勋章",拿破仑授予将士们头衔和名誉的方法,在现实生活中也非常适用。

我们可以举一个例子：

我有一个朋友叫恩尼斯特·杰安特，生活在纽约市卡斯达尔镇。她的别墅前有一块漂亮的草坪，可是附近邻居有几个顽皮的男孩子，他们经常到她的草坪上玩耍、毁坏她的草地。这让她非常头疼，不论她是好言相劝，还是威胁恐吓，都没有什么效果。

后来，她找到那帮孩子中最顽皮的一个，授予他一个新头衔——"探长"，他的主要任务就是守护这块草坪，负责把那些闯入草坪的孩子赶出去。

这个方法很有效，这位"探长"非常尽职尽责，还在后院点了一堆火把铁棍烧得红红的，阻止任何人进入这块草坪。就这样，杰安特的问题顺利解决了。

我们应该懂得如何与人交往，如果你想让别人甘心接受你的建议，就应该记住下面几条原则：

1. 要诚实守信，不要轻易答应别人自己做不到的事情。

2. 你一定要清楚，自己希望别人可以做到哪些事情，能取得什么样的效果。

3. 学会从别人的角度思考问题，了解他们心中的真正需求。

4. 不妨想一下，如果别人按照你的建议去做，那么他会获得什么好处。

5. 随时调整自己的计划，把他能够得到的好处和他需要做的事情联系起来。

6. 当你提出建议时，应该让别人知道他可以从中获得他想要的东西。

举一个事例：如果你想要让约翰把仓库打扫干净，或许会这样说："约翰，明天有重要客户来参观，我想你应该把仓库打扫一下，然后把货物放在货架上，柜台也要擦干净。"

可是，这会让约翰高兴地做这件事吗？或许不能。因为你只是建议他怎么做，并没有告诉他这样做的重要性，以及给他带来的好处。

我们可以用另一种方式来说明做好这项工作能得到的好处："约翰，现在有一件非常重要的工作，如果你现在做完了，明天就不用麻烦了。

"明天有重要客人要来，我会带他来仓库参观。如果你能把仓库打扫干净，把货物整理好放在货架上，并把柜台擦干净，那么，客户就会觉得我们公司做事高效、有条理，你还会给客户留下认真负责的好印象。"

约翰这次会心甘情愿地做这件事情吗？

或许他还有一些不情愿，但是，如果你没有告诉他这样做的重要性，那么，他可能更不情愿。

  当然，并不是你用了这种方法，就可以让别人心甘情愿地接受你的意见，所以说，这种方法并不是万能的。但是，很多事实和经验都证明，这种方法总是可以让你比以往更容易改变别人的态度。

  所以，如果你想要改变别人，想要让别人按照你的建议去做某件事情，就应该让他知道自己的重要性，以及他这样做的重要性。